일 잘하는 사람의
피드백 기술

바바 케이스케 지음
전경아 옮김 | 서승범 감수

타인의 가능성을 깨우고 결과를 만들어내는

일 잘하는 사람의
피드백 기술

빌리버튼

'한 권의 책이 운명을 바꿀 수 있다'는 말이 있다. 나에게는 저자 바바 케이스케의 책이 바로 그런 책이다. 2018년에 저자의 책을 읽고 감동을 받아 '언젠가 나도 이런 코치가 되고 싶다'는 생각을 했고 그걸 행동에 옮겨 트러스트코칭스쿨의 코치가 되었기 때문이다.

이 책은 전문적으로 코칭에 대해 공부하고 싶은 사람뿐만 아니라 누군가와 함께 일하며 타인의 목표 달성에 도움을 주고자 하는 모든 사람들에게 필요한 책이다. 가정에서, 학교에서 그리고 회사에서 나이를 먹으면 먹을수록 우리는 누군가에게 피드백을 줘야 하는 상황에 자주 부딪히곤 한다. 그럴 때마다 어떻게 하면 상대방에게 알맞은 피드백을 줄 수 있을까 고민하게 된다. 나의 말이 공허한 메아리가 되지 않으려면 어떻게 해야 할까? 어떻게 하면 상대방이 잘되는 쪽으로, 그들이 목표를 달성하도록, 그들이 진정 마음에서 우러난 행동을 할 수 있게 도와줄 수 있을까? 이 책에서는 세 가지를 가장 중요한 포인트로 짚고 있다.

첫째는 코치 즉, 피드백을 주는 사람이 주인공이 되어서는 안 된다는 것이다. 이 책에서는 코칭을 '조언이 아닌 쌍방향 대화를 통해 목표 달성을 하도록 도와주는 커뮤니케이션 기술'이라고 정의하고 있다. 다시 말해 목표를 이루고 앞으로 나아가는 주체는 어디까지나 클라이언트지 코치가 아니라는 뜻이다. 이 부분이 코칭과 컨설팅의 큰 차이라고 할 수 있는데, 코치는 동반자의 입장에서 함께 생각을 해나간다는 점에서 컨설팅과 다르다. 그리고 무엇보다 코치는 상대방 이상으로 상대방이 목표를 달성할 거라고 믿고 끝까지 지원하는 것이 중요하다.

두 번째는 '의식을 바꾸는 수준의 피드백'이 필요하다는 것이다. 이 책에서는 피드백을 "상대의 거울이 되어 본인이 보지 못한 것을 깨닫게 해주는 것"이라고 정의하고 있다. 물고기를 주지 않고, 물고기를 잡는 법도 가르쳐주지 않으며, 상대방 스스로 물고기 낚는 법을 배우려는 '의식'을 이끌어내는 것이 코치의 역할이라고 말이다. 그리고 그 의식을 이끌어내는 최강의 무기가 바로 '피드백'이다. 아무리 내 안에서 생각하는 바가 있어도 그것이 행동으로 연결되지 않으면 사람은 변하지 않는다. 타인을 진정으로 변화시키고 싶다면 '행동의 기폭제'가 되는 피드백을 통해 상대방이 지금까지는 스스로 상상하지 못했던 세계를 보게 만들어줘야 한다.

세 번째는 상대방의 코어 드라이브, 즉 '에너지의 원천'을 파악하는 것이다. 코어 드라이브는 쉽게 말해 '목표를 향해 돌진하게 만드는 신념'으로, 인간이라면 누구나 가지고 있다. "이해는 해도 행동할 수 없다"는 말처럼 사람을 변화시키고 행동하게 만들기 위해서는 큰 의식의 변화가 필요하다. 그리고 그 행동을 일으키려면 에너지가 필요하다. 그렇기 때문에 상대방을 움직이도록 하는 마음이 무엇인지 확인할 필요가 있는 것이다. 과거나 미래에 대해 큰 틀에서 질문하는 것으로 그 사람의 코어 드라이브를 찾아낼 수 있으며 그것을 찾을 때 진정한 의미의 피드백을 할 수 있다고 저자는 강조하고 있다.

이 책은 어떤 목표든 이루게 해주는 노년의 신사 '페그다'의 이야기를 통해 어떻게 다른 사람의 목표 달성을 돕고 효과적으로 피드백을 해줄 수 있는지 무척 알기 쉽고 재미있게 설명하고 있다. 부디 이 책이 여러분 자신의 목표 달성에, 그리고 여러분들의 삶에서 함께하는 이들이 목표 달성을 하는 데 많은 도움이 되기를 바란다. 내가 저자의 책을 만나서 코치가 되겠다는 꿈을 이뤘듯이 말이다.

트러스트코칭스쿨 한국 대표 코치
나홀로비즈니스스쿨 대표
서승범

우리 모두에게는
피드백을 해줄 사람이 필요합니다

애플의 스티브 잡스, 아마존의 제프 베조스, 구글의 에릭 슈미트 등 지금의 실리콘밸리를 만든 세계적 CEO들 뒤에는 빌 캠벨Bill Campbell이라는 위대한 코치가 있었습니다. 그가 세상을 떠났을 때 실리콘밸리의 경영자들과 저명인사들을 비롯해 그를 따르는 남녀노소 1,000명 이상이 모이면서 역사에 남을 추모식이 진행되었다고 하죠.

현재 전 세계 시가총액 1위 기업인 마이크로소프트

의 빌 게이츠도 TED 강연에서 "모든 사람에게는 코치가 필요하다everyone need a coach"라고 말하며 코칭과 피드백의 중요성을 강조한 바 있습니다.

> 누구에게나 코치는 필요합니다.
> 농구 선수든 테니스 선수든 상관없습니다.
> 우리 모두에게는 피드백을 해줄 사람이 필요합니다.
> 그것이 우리가 발전하고 향상되는 방법이기 때문입니다.

이렇듯 상대방의 놀라운 성장과 변화를 견인하는 코칭은 비단 글로벌 기업의 CEO뿐만 아니라 회사의 리더, 아이들을 가르치는 교육자 및 부모 등 조직과 개인의 삶에 필수적인 역량이라고 할 수 있습니다.

하지만 오늘날 조직 사회나 스포츠 세계를 제외하면 일상을 살아가는 대부분의 사람은 실제로 코치가 어떤 존재고 어떤 일을 하는지를 모르는 게 사실입니다. 빌 캠벨도 그랬지만 '진짜 코치'의 대부분은 얼굴도 알려져 있지 않고 직업상 드러나는 것을 좋아하지 않기 때문입니다.

그래도 한 가지 다행스러운 점은 최근 글로벌 대기업뿐만 아니라 많은 경영자가 직원 육성의 수단으로서 코칭의 중요성을 점점 더 깨닫고 있다는 점입니다. 팀장과 리더들에게 코칭 연수가 적극적으로 도입되고 있는 게 그 증거지요. 또 교육 현장에서는 '가르쳐주는' 교육에서 '생각하게 하는' 교육으로 전환되어야 한다는 필요성을 호소하며 코칭 기술이 주목을 받고 있습니다.

오늘날 이렇게 코칭 기술의 필요성이 대두되는 이유는 무엇일까요? 바로 과거의 상식, 가치관으로는 살아남을 수 없는 '격동의 시대'에 돌입했기 때문입니다. 과거의 경험이 정답이 되지 않는 '정답이 없는 시대'에 대응하기 위한 방안으로 코치라는 직업과 코칭 기술이 주목을 받게 됐다고 볼 수 있습니다. 또 마음이 쉽게 불안해지는 요즘 시대에 '마음을 다루는 전문가'이기도 한 코치에 대한 수요가 해마다 높아지는 것이 아닐까 싶습니다.

저는 운 좋게도 방황하던 20대 시절, 일본 코칭의 선구자께서 저를 거둬주시면서 그에게 어깨 너머로 코칭을 배울 수 있었습니다. 그 후 독립하여 15년간 '트러스트 코칭trust coaching'이라는 저만의 코칭 스타일을 확립하고 트러스트 코칭 스쿨, 마더스 코칭 스쿨(부모 자녀 관계에 특화된 코칭을 배우는 스쿨)을 운영해왔습니다. 지금은 정부 부처, 대기업의 인재 육성을 지원하면서 5,000명 이상의 코치를 배출하고 약 4만 명이 넘는 사람들에게 코칭을 제공했습니다.

저의 사명은 대부분의 사람들이 잘 모르고 있는 진짜 코치가 하는 일을 제대로, 그리고 많은 사람에게 전달하여 코칭의 중요성을 널리 알리는 것입니다. 그리고 그 결과로 많은 이들이 서로가 서로의 코치가 되어 목표를 달성하고 자기 실현에 한 발짝 더 다가갈 수 있기를 바랍니다.

누군가의 코치가 되어 알맞은 피드백을 해주는 일은 그리 어렵지 않습니다. 코칭의 진수는 '상대를 배려하는 마음'에 있기 때문입니다. 상대방이 잘되기를 바라는 마음에서 출발하여 상대를 믿고 가면 됩니다. 상대가 '자신을 신뢰하는 힘'을 잃지 않게 도와준다면 진정한 자신의 모습을 찾고 나아가 목표로 한 곳에 보다 즐겁고 빠르게 도달할 수 있을 것입니다.

이 책은 어떤 방식으로 코칭을 해야 하는지 알려주는 구체적인 방법론에 대한 내용이라기보다는 누군가를 이끌어주는 코치가 '어떤 마음가짐을 가지고 일을 해야 하는지'에 더 초점을 맞추고 있습니다. 배운 것 없고, 가진 것 없던 한 청년이 세계 최고의 코치가 되겠다고 결심하고 자신의 신념을 이루기 위해 고군분투하는 저의 자전적인 이야기이기도 합니다. 이 책을 계기로 코칭의 세계를 접하고 '상대방을 사랑하는 일' 중 하나인 코칭에 관심을 갖게 되는 분들이 많아졌으면 좋겠습니다.

마지막으로 이 책이 나올 수 있도록 도와주신 동료 코치인 서승범 코치와 빌리버튼 출판사, 번역가 전경아 님께 진심으로 감사를 전합니다.

트러스트코칭 대표 바바 케이스케

목차

1장 | '목표 달성의 마법사'를 만나다

4장 | 상대방을 움직이게 하는 힘 발견하기

5장 | 당신은 상대방에게 지금 꼭 필요한 사람인가?

6장 | 목표 달성을 위해
꼭 기억해야 할 것

바르 바조(일명 BB)

25세. 이탈리아 출생.
꿈에 그리던 호텔에서 일하기 위해 프라하에 왔
다. 객실 관리 아르바이트로 2년째 일하고 있다.

연아

29세. 체코 출생. 프라하의 5성급 호텔 홀 매니
저. 12명의 부하 직원을 두고 있다.호텔 근무 경
력 6년.

페그다(일명 알로하 신사)

60세. 알 만한 사람은 다 아는 '목표 달성의 신'
으로, 전 세계의 영향력 있는 유명인사들을 고객
으로 두고 있다. 60세를 맞아 은퇴를 결심했다.

미스터 리치

59세. 글로벌 기업을 운영하고 있는 유명한 경영자. SNS에서도 큰 영향력을 갖고 있다.

캔디

55세. 프라하에 식당을 차린 일류 여성 요리사. 잘하는 요리는 헝가리 전통 음식인 굴라시 Gulyás.

키키 수녀

82세. 프라하에서 오랜 역사를 가진 수도원의 원장. 해마다 적극적으로 갈 곳 없는 아이들을 받아들이고 있다. 알로하 신사의 비즈니스 스승이기도 하다.

| 1장 |

'목표 달성의
마법사'를 만나다

조언을 하지 않는 선생님

그날 저녁, 프라하에 있는 5성급 호텔 입구에는 고급
차들이 줄줄이 서 있었다.

　나는 나도 모르게 크게 심호흡을 했다. 그날 내가 해
야 할 일은 호텔 3층에 있는 연회장에서 조명이 비추
는 레드카펫 위를 압도적인 기운을 내뿜으며 걷는 사
람들을 하나하나 확인하는 것이었다. 잠시 후 유달리
눈에 띄는 새빨간 스포츠카가 호텔 앞에 멈춰섰다. 일
제히 커다란 환호와 함께 엄청난 플래시가 한 남자에
게 쏟아졌다.

나는 오늘의 주인공이 왔다는 것을 직감하고 홀 책임자인 연아에게 그 사실을 전했다.

"좋아, 오늘은 세계 경제를 떠받치고 있는 경영자와 저명인사들이 참석하는 자리니까 절대 무례하게 굴어선 안 돼."

연아의 긴장감이 전해지며 우리 홀 직원들은 다시 한번 정신을 바짝 차리고 서로의 옷차림을 확인했다.

회장의 문이 열리고, 신문과 방송에서 본 적이 있는 얼굴들이 속속 연회장으로 모여들었다. 나는 최고급 샴페인이 든 잔을 한 사람 한 사람에게 건네며 장내를 안내했다.

"설마 그 '목표 달성의 신'을 만나게 될 줄이야."

"실존하는 인물이었다니!"

"저렇게 생긴 사람이었구나……."

"저도 반년 동안 전화로 몇 번이나 얘기했지만 실제로 만나는 건 처음이에요."

"그런데 옷차림이 좀…… 코트를 벗으니 안에 알로하 셔츠를 입고 있었어요."

"하지만 아주 섹시한걸요."

나는 흥분을 가누지 못하고 있는 참가자들의 이야기에 귀를 기울이면서도 실수하지 않도록 조심스레 샴페인을 나눠주었다.

내 이름은 바르 바조. 사람들은 내 이름의 이니셜을 따서 'BB'라고 부른다. 이탈리아의 외딴 시골에서 자랐고 다음 달이면 스물여섯 살이 된다. 지금은 이 호텔 기숙사에 살면서 2년째 객실 관리 아르바이트를 하고 있다. 적은 월급이지만 동경하던 고급 호텔에서 일할 수 있고, 무엇보다 이런 불경기에 일자리가 있는 것만으로도 행운이라고 여겼다.

그렇다, 이날 '이 인물'을 만나기 전까지는 말이다.

유명한 인물들 뒤로 흰색 알로하 셔츠에 찢어진 청바지를 입은 오늘의 주인공이 연회장에 들어섰다. 연아가 남자에게 황급히 달려갔다.

"아니, 내 생일이 뭐라고 이렇게 성대하게 치른다고 난리인지."

연아는 그 말에 어색하게 웃으며 대답했다.

"예순 번째 생일을 축하드립니다. 진심으로 축하드려요."

그러자 알로하 셔츠를 입은 남성이 나지막이 말했다.

"호텔 매뉴얼대로 아주 잘하고 있네. 고마워, 아가씨."

겨우 미소를 유지하며 자리로 안내하는 연아의 동요한 기색이 멀리서 지켜보는 내게도 전해졌다.

연회장은 어느새 사람들로 가득 찼고 품격과 열기로 흘러 넘쳤다. 잠시 후 예고도 없이 세계적 록밴드의 공연이 시작됐고, 회장 안은 하나가 됐다.

"여러분, 안녕하세요. 애플즈의 스티븐입니다. 연회장의 열기도 뜨거워진 것 같으니 지금부터 오늘의 파티를 시작해볼까 합니다. 안타깝게도 오늘은 저희 회사의 신제품 발표회가 아닙니다."

주최자의 연설에 연회장은 더욱 달아올랐다.

"농담은 이쯤에서 접기로 하죠. 오늘 세계 곳곳에서 이로운 일을 하고 있는 여러 훌륭한 분들이 참석해주셨습니다. 진심으로 감사드립니다. 오늘은 저의 코치이자 은인이기도 한 수수께끼의 알로하 신사, '목표 달성의 신' 페그다 씨의 예순 번째 생일을 축하하는 자리입

니다. 이야기가 길어지는 걸 싫어하는 분이시니 인사
는 이쯤에서 마무리하고 바로 소개해드리겠습니다. 미
스터 페그다 씨입니다!"

우레와 같은 박수를 받으며 알로하 신사가 주최자와
포옹을 한 후 무대 위로 천천히 올라왔다.

"여러분, 요즘 같은 불경기에 속 편하게 이런 데까지
와서 샴페인을 마시며 정체 모를 늙은이의 생일을 축
하해주다니 기쁘기 짝이 없습니다."

회장 안에 한바탕 웃음이 일었다.

"이 안에 계신 분들 중 절반 정도는 저와 고문 계약
을 맺은 분들일 텐데……. 실제로 보는 건 처음이지요?
저는 여러분을 텔레비전이나 영화에서 자주 봅니다만,
이런 자리에서 한꺼번에 만나 감사 인사를 하게 된 덕
분에 이 늙은이가 일 하나를 덜어낸 것 같아 아주 살
것 같습니다."

그곳에 모인 모든 사람이 그의 시니컬한 연설을 즐
겁게 들으며 웃고 있었다. 신사와 참가자 간의 신뢰 관
계가 얼마나 돈독한지가 느껴졌다.

"여하튼 이런 저를 믿고, 일을 맡겨줘서 대단히 감사

드립니다. 덕분에 30년 넘게 코치로 맛있는 밥을 먹으며 살 수 있었어요."

회장 안에 또 한번 큰 박수갈채가 쏟아졌다.

"다만 오늘 제가 여러분 앞에 이렇게 모습을 드러낸 데는 이유가 있습니다."

이 발언에 주최자를 비롯해 참가자 전원이 쥐 죽은 듯 조용해졌다. 알로하 신사는 거침없이 이야기를 계속했다.

"내가 하는 일은 아시다시피 여러분이 목표를 달성할 수 있게 돕는 것입니다. 지금까지 경영자들을 비롯해 정치인, 운동선수, 배우 등 다양한 업계에서 활약하는 분들이 목표를 이룰 수 있게 보이지 않는 곳에서 도와드렸지요. 그 수는 대충 세어 봐도 오천 명이 넘습니다."

회장에 다시 박수갈채가 터져 나왔다.

"내가 목숨 바쳐 이 일을 해온 이유는…… 내 도움으로 여러분이 원대한 목표를 이뤄내면 세계가 더 좋아지고, 더 평화로워질 거라 믿었기 때문입니다. 그 결과로 수많은 사람의 생활이 풍족해졌고 그들에게 꿈과 희망을 준 것도 사실이지요."

박수갈채가 터져 나오는 사이, 알로하 신사가 문득 심각한 표정을 지었다.

"그런데 어떤가요. 안타깝게도 지금 세계의 상황을 좀 보세요. 빈부격차는 더 심각해지고 있고 이 연설을 하는 동안에도 기아에 시달리는 아이들이 이 세상에서 오십 명씩 사라지고 있습니다."

회장이 술렁거리고 기묘한 공기가 흐르기 시작했다.

"저는 오늘 여러분에게 부탁할 것이 있어 이곳에 왔습니다. 함께 생각해봅시다. 우리가 지금 뭘 하면 세계가 더 평화로워질까요? 우리가 지금 뭘 하지 않으면 세계가 더 평화로워질까요. 우리가 지금 어떻게 힘을 합쳐야 고통받는 아이들을 한 명이라도 더 웃게 만들 수 있을까요?"

알로하 신사는 참가자를 보며 잠시 말을 멈췄다가 입을 열었다.

"저는 오늘, 세계에서 가장 큰 영향력을 가진 여러분과 이 질문을 진심으로 공유하고 싶어 귀중한 시간을 내어주십사 부탁드린 것입니다. 어떻습니까? 여러분은 지금, 진심으로 세계 평화를 위해 움직일 수 있나요? 여러분의 결정에 세계의 미래가 달렸습니다! 함께 생각해봅시다. 그리고 함께 행동합시다."

회장은 한동안 찬물을 끼얹은 듯 고요했다. 잠시 후, 하나둘 박수가 터져 나오더니 이내 박수갈채와 환호성이 터져 나왔다.

너무나도 원대하고 추상적인 이야기였다. 나는 그 남성의 압도적인 존재감과 분위기에 충격을 받고 한동안 입을 다물 수가 없었다.

예상치 못한 연설에 참가자들의 눈빛이 방금 전과는 사뭇 달라진 것 같았다. 뜻밖에 던져진 논의에 파티 분위기는 더욱 뜨거워졌다.

연아에게 등짝을 맞고 겨우 정신을 차린 나는 참가자에게 음료를 나눠주기 시작했다. 그 사이 참가자들의 대화를 들을 수 있었다.

"저 사람 대체 뭐하는 사람이야? 코치라니 그게 뭔데?"

"저 노인은 어떤 목표도 이룰 수 있게 해주는 사람이야. '마법사' 같은 사람이지. 그래서 경영자들이며 정치가며 배우며 탤런트며 할 것 없이 모두가 저 노인에게 목표를 이룰 수 있게 해달라고 애원하며 찾아와."

"당신도 계약했어? 대체 저 노인한테 뭘 배우는데?"

영화에서 본 적 있는 초록색 드레스를 입은 여성이 바로 내가 묻고 싶은 질문을 했다.

"저 노인의 코칭은 조금 특별해. 아니 조언을 일체 하지 않는다니까. 그래서 내 주변에서는 '조언을 하지 않는 선생님'으로 통해."

"사실은 나도 경영에 관해 일체 조언을 받은 적이 없지만 하반기에도 어김없이 목표를 달성했어. 다 저분이 내 힘을 끌어준 덕분이야."

초록색 드레스 차림의 여성은 도무지 알 수 없다는 반응을 보이며 내게 빈 잔을 건넸다.

아무래도 알로하 신사의 직업은 코치고, 조언하지 않는 특별한 코칭으로 클라이언트의 목표를 이루게 해주는 모양이었다. 지금까지 남의 일에 그다지 관심이 없었던 나는 묘하게도 그가 어떤 활동을 하는지 호기심이 일었다.

나는 빈 잔이 놓인 쟁반을 들고 많은 사람에게 둘러

싸여 있는 그 남성을 한동안 바라보았다. 내가 알지 못하는 무대에서 활약하며 보이지 않은 곳에서 유명한 사람들을 돕는 대단한 사람이 있다니…… 그것을 알게 된 것만으로도 왠지 흥분됐다.

그런데 그는 그런 훌륭한 연설을 해놓고는 술을 벌컥벌컥 마신 뒤, 콧구멍을 벌름거리며 가슴팍을 훤히 드러낸 드레스를 입은 여성에게 추근대고 있었다. 그의 주변에 있던 사람들은 그 모습을 보면서도 애써 못 본 척했다.

운명을 바꾼 실수

파티가 끝나갈 무렵, 홀 직원들이 해장 커피를 들고 연회장을 돌았다.

나는 일부러 알로하 신사가 있는 근처에서 커피를 나눠주었다. 회색 양복을 멋지게 차려입은 한 신사가 그에게 무언가 하소연을 하고 있었다.

"선생님과 계약을 갱신할 수 없다면 선생님이 인정하시는 다른 코치를 소개해주실 수는 없을까요?"

알로하 신사는 난처한 듯 웃었다.

"그게, 없다고 해야 하나…… 다른 코치를 잘 몰라.

누구에게 코칭을 가르쳐본 적도 없고."

"그것 참 유감이네요. 하지만 선생님이야말로 후계자를 키우셔야 합니다. 선생님의 코칭, 그리고 코치로서의 모습에 저는 감동했고, 만날 수 있어 진심으로 감사하고 있습니다. 선생님의 팬을 대표해서 꼭 후계자 육성을 부탁드립니다. 저도 그 일을 위해서라면 어떤 도움이라도 드리겠습니다."

알로하 신사는 아무 말 없이 회색 양복의 신사와 뜨겁게 포옹하더니 뜬금없이 나를 불렀다.

"이봐, 커피 좀 갔다 줘! 술에 취해서 울 것 같으니!"

나는 황급히 커피를 들고 뛰었다. 그때였다. 초조함에 허둥대던 나는 균형을 잃고 하필이면 알로하 신사의 바지에 커피를 쏟고 말았다.

순간 머리가 새하얘졌다. 나는 무릎을 꿇고 연신 사과하면서 들고 있던 손수건으로 그의 바지를 닦았다. 어수선한 상황을 알아차린 연아가 나를 대신해 머리를 조아리며 다른 직원에게 새 걸레를 가져오라고 지시했다. 그러자 그중 한 명이 거칠게 말했다.

"그래서 내가 객실 관리나 하는 아르바이트생을 홀

직원으로 쓰지 말라고 했잖아!"

그 말을 듣자 줄곧 입을 다물고 있던 알로하 신사가 입을 열었다.

"자네, 객실 관리 아르바이트를 하고 있나?"

나는 머릿속이 새하얘져서 말을 더듬었다.

"네……. 다 제 잘못입니다. 저도 모르게 코치란 직업에 흥미가 생겨서 얘기를 듣다가 그만…….

당황해서 횡설수설하는 나를 말리려는 듯 연아가 끼어들었다.

"홀 직원이 부족해서 제 판단으로 오늘만 이 직원을 홀에 투입시켰습니다. 이런 일이 생기게 해서 정말 죄송합니다."

그러자 알로하 신사는 잠시 내 눈을 지그시 바라보며 말했다.

"이제 됐어. 돈 주고도 살 수 없는 이 빈티지 청바지는 더는 못 입겠군. 이봐, 아르바이트생! 사과의 의미로 오늘 밤 내 방에 최고급 볶음면을 야식으로 가져오도록!"

연아는 당황해서 목소리를 떨었다.

"알겠습니다. 사죄의 뜻으로 새 바지도 바로 가져다 드리겠습니다."

알로하 신사는 커피를 한 모금 마시며 연아에게 말했다.

"최고급 볶음면이면 돼. 이제 그만 일하러 가봐."

연아는 한동안 고개를 숙이다가 나를 데리고 연회장을 나왔다. 그녀는 한동안 눈을 감은 채 심호흡을 하다 이윽고 나를 걱정스레 바라보았다.

"놀랐겠네, 괜찮아? 무서웠지?"

그 말을 들은 순간 정신을 차린 나는 눈물을 흘리며 연아에게 거듭 사과했다.

연아의 지시에 따라 호텔 주방장에게 최고급 볶음면을 만들어달라고 부탁했다. 그리고 알로하 신사가 방으로 돌아올 때까지 호텔 밖에서 대기하기로 했다.

"나 같이 멍청하고 쓸모없는 인간이 또 있을까……."

파티가 끝나는 시간까지 별이 빛나는 짙푸른 색 밤하늘을 올려다보며 나는 스스로를 책망했다.

뜻밖의 제자가 되다

시간이 되어 주방장에게 볶음국수를 받은 나는 알로하 신사의 방으로 향했다. 연아는 내가 무척 걱정됐던지 중간까지 따라와주었다. 연아가 옆에 있는데도 나는 긴장으로 심장이 튀어나올 것만 같았다.

"이제부터는 제가 책임지고 혼자 가겠습니다. 정말 죄송합니다."

"정말 괜찮아? 나도 가는 게 맞아. 책임자는 나니까."

"아뇨, 그분이 저에게 가져오라고 했으니 이제 괜찮아요."

나는 곤혹스러워하는 연아에게 고개를 숙이고 알로하 신사가 묵고 있는 스위트룸으로 혼자 걸어갔다.

"아까 파티에서 큰 실수를 한 사람입니다."

문을 두드리자 저쪽에서 큰 목소리가 났다.

"오, 볶음면맨! 기다리고 있었네, 어서 들어와."

알로하 신사가 문을 열어주었고 나는 고개를 숙인 채 카트를 끌고 방 안으로 들어갔다.

나는 다시 깊이 고개를 숙였다. 그러자 그는 전혀 신사라고 할 수 없는 알로하 셔츠에 팬티 차림으로 콧노래를 부르며 외쳤다.

"빨리 뚜껑 열어!"

나는 준비한 볶음면 뚜껑을 하나씩 열면서 설명했다.

"이쪽은 상어 지느러미 볶음면입니다."

"호오~."

"이쪽은 가리비가 들어간 사천식 볶음면입니다."

"으으……."

"그리고 이쪽은 전복을 넣은 해산물 소금 볶음면입니다."

"와우!."

"그리고 이쪽이 고베 소고기를 넣은 간장 볶음면입니다."

"오 마이 갓……."

팬티 한 장만 달랑 입은 알로하 신사는 매우 흥분한 표정으로 젓가락을 들고 말했다.

"좋아, 다 먹을 테다! 이 테이블에 올려놔!"

나는 모든 요리를 조심스럽게 테이블 위에 올려놓았다. 매우 긴장하고 있었지만 점심부터 아무것도 먹지 않았던 터라, 맛있는 볶음면 냄새에 나도 모르게 침이 고였다.

"뭐하고 있어, 자네도 빨리 앉아! 나 혼자 이걸 어떻게 다 먹나!"

"네? 하지만 전……."

"그냥 같이 먹어! 자, 젓가락, 작은 접시도 두 개 준비해주게!"

나는 아무 대꾸도 하지 않고 팬티 차림의 알로하 신사를 따라 볶음면을 먹기로 했다.

"자, 먼저 간장 볶음면을 먹어볼까……. 자네는 상어 지느러미부터 공격하고 감상을 들려주게."

나는 지금까지 먹어본 적 없는 큼직한 상어 지느러미가 면과 잘 어우러진 볶음면을 작은 접시에 담고 알로하 신사가 먹는 모습을 보며 한 입 베어 물었다.

"비싼 바지를 못 쓰게 만든 저한테 이렇게 맛있는 밥까지 사주시니 뭐라 감사를 드려야 할지……."

알로하 신사는 볶음면을 호쾌하게 씹으며 큰 소리로 말했다.

"사주긴 뭘 사줘? 공짜 밥이다! 사양하지 말고 먹어! 참고로 그 청바지는 198코루나짜리야!"

"198코루나(약 1,000엔)……?"

나는 너무 깊이 생각하지 않고 볶음면을 먹기로 했다. 그러자 알로하 신사는 커다란 전복을 젓가락으로 집으며 말했다.

"모처럼 오늘 밤 그 여배우를 꼬시나 했는데 자네 때문에 망했어. 설마 남자 둘이서 프라하 호텔 방에 앉아 볶음면을 먹게 될 줄이야."

"죄송합니다……."

"그런데 누가 자네 타입이었어? 응? 오늘 참가자 중에 맘에 드는 사람이 있으면 소개해줄게."

"아뇨. 제가 어떻게……. 저는 감히 쳐다볼 수도 없는 분들이에요……."

팬티 한 장만 걸친 알로하 신사가 코웃음을 쳤다.

"같은 인간끼리 무슨……. 아니면 뭐야, 남자를 좋아하는 타입인가? 그렇담, 나에겐 관심 꺼줘!"

나는 너무 스스럼없이 말하는 알로하 신사의 페이스에 말려들어 무심코 이런 말을 내뱉고 말았다.

"저…… 아까 듣다 보니 코치란 직업에 관심이 생겨서……. 어떤 공부를 하셨는지……."

나의 횡설수설에 알로하 신사는 한순간 진지한 눈빛이 되었다.

"……자네, 저금은 얼마나 있나?"

"네? 저금이요? 부끄러운 말이지만 8만 코루나 정도 됩니다……."

"솔직히 말해!"

"죄송합니다……. 5만 코루나쯤 됩니다."

알로하 신사가 우롱차를 꿀꺽 삼켰다.

"만약에 정말로 내 일에 관심이 있고 코치가 되고 싶으면 내일 아침까지 4만 코루나를 여기로 가져와! 그

러면 자네를 반년 안에 훌륭한 코치로 만들어주지. 될
지 말지는 자네 의지에 달려 있어."

별안간 날아든 예상치 못한 답변에 나는 머리가 새
하얘져서 아무 말도 할 수 없었다. 알로하 신사가 따라
준 우롱차를 단숨에 들이킬 뿐이었다.

세계 최고의 코치를 사로잡은
아르바이트생의 능력

"좋아, 자네와의 둘만의 이야기는 끝났어. 이제 방 밖에서 기다리고 있는 누님을 방으로 데려와."

"네? 누님이라뇨?"

"멍청하긴! 자네 상사인 귀여운 누님 말이야. 문밖에서 기다리고 있을 거야."

나는 서둘러 문을 열고 복도를 내다보았다. 그러자 알로하 신사의 말대로 연아가 벽에 기대어 걱정스런 얼굴로 나를 기다리고 있었다.

"BB, 어떻게 됐어?"

"저……, 연아 씨를 방으로 불러달라고……."

연아는 심호흡을 하고 옷 매무새를 가다듬고는 안으로 들어갔다.

"역시 있었군. 아무 말 하지 말고 그냥 앉아! 어이, 볶음면맨! 그녀에게 볶음면을 나눠주지 않겠나!"

나는 그의 말대로 황급히 볶음면을 작은 접시에 담아 곤혹스러워하는 연아에게 건네주었다.

"페그다 님, 오늘은 정말로 죄송했습니다."

알로하 신사는 볶음면을 자기 접시에 담으며 웃었다.

"볶음면을 들고 그렇게 심각한 표정을 지으면 곤란해. 이제 신경 쓸 거 없어. 이 녀석이 전부 잘못한 거니까. 자, 미안하면 먹어."

연아는 어깨를 움츠리고 작은 입으로 볶음면을 먹기 시작했다. 그 모습을 곁눈질하면서 나는 4만 코루나에 대해 생각하고 있었다. 내게는 생사가 걸린 금액이지만 생각하기에 따라서는 단 4만 코루나로 알로하 신사에게 '코칭'이란 기술을 배울 수 있는 꿈같은 이야기이기도 했다.

하지만 내가 6개월 만에 코치가 될 수 있다니, 말이

되는 이야긴가?

"그건 그렇고 왜 이딴 볶음면 조무래기에게 홀 업무를 맡긴 거야?"

"죄송합니다. 이 친구는 손이 빠르고 꼼꼼해서 저희 호텔에서도 평가가 매우 좋은 객실 관리 아르바이트생입니다. 단골손님 중에는 일부러 이 친구를 지명하는 분도 계실 정도로⋯⋯."

그러자 알로하 신사는 팬티 한 장만 입은 채 진지한 얼굴로 연아에게 말했다.

"이 친구, 내일부터 내 제자로 들어올 모양이야. 내 볶음면을 사양도 않고 먹더니 갑자기 제멋대로 자기를 코치로 만들어달라고 하잖나. 내 볶음면을 우적우적 먹으면서 자기는 코치가 될 거라고 말하더군."

연아는 눈을 동그랗게 뜨고 내 얼굴을 보았다.

"하지만 이 친구가 진심이라면 난 받아줄 생각이야. 왜 그런 것 같나? 내가 왜? 고객과 단 30분 이야기하는 걸로 60만 코루나를 넘게 받는 이 '천하의 비즈니스 코치'가!"

연아는 알로하 신사의 팬티를 보지 않으려고 애쓰며

생각해보았다. 하지만 아무 대답도 떠오르지 않았다.

"자네는 오늘 나온 홀 직원 중에 이 녀석만이 음료를 나눠줄 때 모든 참가자를 이름으로 부르며 인사를 했다는 사실을 알고 있었나?"

연아는 놀란 얼굴로 내 얼굴을 다시 바라보았다.

"베테랑 홀 직원 정도는 되어야 100명 규모의 파티에 참가하는 사람의 얼굴과 이름을 외우고 일할 수 있어. 그런데 이 볶음면 조무래기는 홀 직원도 아니고 급하게 투입된 아르바이트생이었는데도 300명 넘는 사람들의 이름을 다 기억하고 있더군."

나와 연아는 놀란 표정으로 서로를 바라보았다. 나는 말할 필요도 없이 알로하 신사가 내가 일하는 모습을 관찰하고 있었다는 사실이 놀라웠다.

연아가 나를 쳐다보며 말했다.

"그러고 보니 정말 대단하네요. 전날 참가자 명단을 보여달라고 한 사람은 BB뿐이었어요."

알로하 신사가 새 볶음면을 먹으며 말했다.

"난 어떤 일이든 최고의 준비가 되어 있는 사람이 프로라고 생각해. 그게 할 수 있을 것 같아도 좀체 하기

힘든 일이거든. 그래서 나는 이 친구를 높이 평가하는
거야."

나는 오른손으로 머리를 헝클어뜨리며 알로하 신사
에게 고개를 숙였다.

"다만 일에 집중하지 못하고 우리 집안의 보물인 청
바지를……."

연아와 나는 즉시 고개를 숙였다.

"그러니까 오늘 밤은 돌려보내지 않을 거야, 절대로
돌려보내지 않겠어!"

팬티 한 장을 입은 알로하 신사는 아주 진지한 표정
으로 연아를 바라보았다. 그녀는 그 눈을 피해 아래를
보고 엄청난 기세로 볶음면을 먹기 시작했다.

나는 알로하 신사가 방 한구석에 내던져놓은 198코
루나짜리 청바지를 보면서 말없이 볶음면을 먹었다.

같은 경치라도
각자의 눈에 비치는 풍경은 전혀 다른 법

아침이 오고 시곗바늘이 오전 6시를 가리켰다.

오늘은 오후에 출근하는 날이었지만 더 잠들 수 없었다. 아침까지 알로하 신사에게 4만 코루나를 갖다주기로 했기 때문이다. 나는 장롱 깊숙이 모아놓은 4만 6,000코루나에서 4만 코루나를 꺼내 봉투 안에 넣었다. 고향을 떠나 어렵게 일자리를 구한 이 프라하 호텔에서 2년 동안 쉬지 않고 일해 모은 돈. 부모님도 없는 지금, 이 돈이야말로 나의 유일한 버팀목이었다.

자전거를 타고 호텔로 가는 길에 있는 공원에 들렀

다. 벤치에 앉아 여느 때처럼 프랑스 빵과 카페오레를 먹었다. 평소와 조금 달라진 게 있다면 지금의 나 자신을 정면으로 바라볼 수 있게 됐다는 점이다. 내가 앞으로 하려고 하는 행동에는 약간의 불안이 있긴 했지만 이상하게도 전혀 망설임이 없었다. 어째서인지 나는 알로하 신사를 믿고 새로운 인생의 첫발을 내디딜 각오가 되어 있었다. 그런 오늘의 하늘은 평소보다 넓고 아름다워 보였다.

나는 8시에 맞춰 알로하 신사의 방으로 가서 문을 두드렸다. 하지만 아무 대답이 없었다. 아직 자고 있을 거라 생각하고 10분을 기다렸다가 다시 노크를 했지만 아무 반응이 없었다.

그러자 그 층에서 같이 객실 관리 아르바이트를 하던 동료가 나를 보고 말했다.

"그 방에 묵었던 손님은 이미 체크아웃했어."

"말도 안 돼! 몇 시에?"

"아마 7시 전이었던 것 같은데……. 그나저나 어제 난리였다면서? 벌써 호텔 전체에 소문 다 났어."

나는 로비로 달려갔다. 나의 급한 맘도 모르고 다른

직원이 반갑게 인사를 건넸다.

"굿모닝! BB! 어제는 진짜 난리도 아니었지."

"그보다 그 신사 분 어디 있는지 알아?"

"그 사람이라면 7시쯤 체크아웃했는데……, 무슨 일이야?"

"고마워! 별거 아냐!"

알로하 신사는 나와 한 약속을 잊은 건가? 아니면 그저 나를 놀리려고 한 말인가? 뭐가 됐든 호텔 밖으로 나가 알로하 신사를 찾기로 했다. 주위를 두리번거리고 있는데 짐을 나르는 포터가 나에게 다가왔다.

"안심해, 아직 근처에 있어. 빨간 람보르기니도 아직 저기 서 있고."

마음이 놓인 나는 알로하 신사가 갈 만한 장소를 냉정히 생각해봤다.

"여기 정면 로비에는 오지 않았으니 안뜰의 카페 바에 있지 않을까?"

나는 포터의 어깨를 두드리고 서둘러 안뜰에 있는 카페로 향했다.

마침 그때 알로하 신사가 몸에 딱 붙은 흰색 정장을

입고 오픈 테라스에 다리를 꼬고 앉아 누군가와 통화를 하고 있는 모습이 보였다. 나는 알로하 신사에게 천천히 다가갔다. 그는 전화기를 들지 않은 손으로 내게 앉으라며 손짓했다. 나는 서둘러 그가 가리키는 의자에 앉아 통화가 끝나기를 기다렸다.

"그럼, 피트, 자네는 그 작품에서 누구에게 어떤 메시지를 전하고 싶은 겐가?"

'피트……?'

"그렇군. 그게 애매하다면 그 역할을 해야 할 배우는 할리우드에 따로 있을지도 모르겠군."

'할리우드……?'

"개런티? 이봐 피트, 자네 또 개런티에 조종당하는 배우로 돌아온 거야? 17년 전, 나와 손잡으며 세웠던 목표를 떠올려보게나. ……그래. 좀 더 시간을 갖고 자네의 '코어 드라이브'를 떠올리며 세상에 어떤 공헌을 하는 배우가 되고 싶은지 초심으로 돌아가 냉정하게 생각해보라고."

'코어 드라이브…….'

알로하 신사는 엄한 눈초리로 나를 보면서 전화를

끊고 나지막한 목소리로 말했다.

"물건은 가져왔겠지?"

어제의 연설과 팬티 차림으로 볶음면을 먹는 모습을 몰랐다면 오늘의 차림새며 이 대사며 완전히 마피아로 보였을 것이다.

"예, 여기 있습니다!"

나는 봉투에 든 4만 코루나를 알로하 신사에게 두 손으로 건넸다.

"놀랐습니다. 8시에 방에 갔더니 이미 체크아웃을 하셨다고 해서……."

그러자 알로하 신사가 심각한 얼굴로 말했다.

"누가 8시라고 했어? 고객이 전화하지 않았다면 자넨 기회를 놓쳤을 거야."

가슴이 철렁했다. 그러고 보니 나는 내 상식으로 움직이고 있었다는 사실을 깨달았다.

"마무리가 허술한 건 비즈니스에서는 치명적이야! 자신의 상식과 편견에 갇혀 사물을 생각하고 판단하면 코칭을 할 수가 없어."

나는 고개를 끄덕이고 새로 산 노트에 알로하 신사

의 말을 메모했다.

"그럼 오늘부터 6개월 동안 자네를 '훌륭한 프로 코치'로 만들어주지. 각오는 됐나?"

나는 알로하 신사의 박력 있는 태도에 압도되면서도 큰 소리로 고개를 끄덕였다.

"잘 부탁드립니다!"

"좋아, 그럼 어깨를 주물러!"

"네?"

당장 앞날에 불안감이 밀려왔지만 일단 알로하 신사의 말에 따르기로 했다.

"좀 더 마음을 담아 주물러!"

나는 어떤 마음을 담아야 좋을지 몰라서 일단 손에 힘을 주었다.

"여기서는 나도 BB 자네도 같은 풍경을 보게 되지."

알로하 신사는 기분 좋은 듯 눈을 감으며 처음으로 내 이름을 불러주었다.

"그건 그렇고, 지금 뭐가 보이나?"

나는 잠시 생각하다가 적당히 대답했다.

"머리를 뒤로 묶은 웨이트리스요……?"

"같은 경치라도 사람의 눈에 비치는 경치는 전혀 다른 법이지. 눈을 감아봐!"

나는 잠자코 눈을 감았다.

"앞쪽에 한 커플이 있었지? 그 남자의 셔츠 색깔을 맞출 수 있겠나?"

나는 두 사람이 앉아 있는 건 봤지만 남자의 셔츠 색깔은 기억나지 않았다.

"그럼 눈을 뜨고 확인해봐."

"파란색이구나……."

"BB 자네는 분명히 저 호색한의 셔츠를 봤을 거야. 하지만 기억하지 못했어! 왜 그런 것 같아?"

나는 도무지 짐작이 가지 않아 아무 대답도 하지 못했다.

"안테나가 서지 않았기 때문이야, 코칭 용어로 '리셉터receptor'라고 하지."

"리셉터요?"

"인간의 뇌는 '받을 준비가 되어 있는 정보'만 기억하게 되어 있어. 뇌에 불필요한 정보는 기억하지 않는 필터 기능이 있지."

나는 어깨를 주무르던 손을 멈추고 묵묵히 노트에 메모를 했다. 알로하 신사는 '누가 그만 주무르라고 했어!' 하는 표정으로 나를 노려보았다.

"그 말은, 관심이 있는 것만 보인다는 말인가요?"

"뭐, 단순하게 말하자면 그렇지."

알로하 신사는 커피를 마시며 이야기를 계속했다.

"내가 술에 환장한 술꾼이었다면 틀림없이 저기에 진열된 술을 보고 기억했을 거야. BB 자네가 셔츠에 관심이 있었다면 그 남자의 셔츠 색깔을 기억했을 거고."

"지금 무엇에, 얼마나 관심을 갖고 있느냐에 따라 정보량도 결정된다는 뜻이군요."

"그래. 자네가 지금 보고 있는 경치와 코치가 됐을 때 보게 될 경치는 전혀 달라. 자네도 보고 싶지 않아? 최고의 비즈니스 코치가 보는 경치를!"

나는 생각에 잠겨 말없이 안뜰의 경치를 바라보며 '최고의 비즈니스 코치'의 어깨를 계속 주물렀다.

진정한 멘토가 되기 위해
필요한 것

"그럼 이제 슬슬……."

알로하 신사는 누군가를 기다리고 있는 것 같았다. 그때 안뜰 입구에서 사복 차림의 연아가 들어왔다.

"안녕하세요, 기다리시게 해서 죄송합니다. 오늘부터 잘 부탁드립니다."

갑작스러운 연아의 등장에 나는 놀라움을 감추지 못했다.

"이거요! 확인 부탁드립니다."

알로하 신사는 겸연쩍은 표정으로 연아가 건네준 두

툼한 봉투의 내용물을 확인하고 주머니에 넣었다.

"음, 물론. 받아들이지!"

나는 뭐가 뭔지 알지 못한 채 두 사람의 대화를 지켜보았다.

"BB, 나도 같이 공부하기로 했어!"

연아는 어느 때와 달리 상쾌한 미소를 지으며 내가 앉았던 자리에 앉았다.

"연아 씨도 함께라니, 든든한데요. 그런데 대체 어젯밤 제가 돌아간 뒤에 무슨 일이 있었던 거예요?"

그러자 얼굴이 살짝 붉어진 연아가 알로하 신사를 힐끗 쳐다보았다. 나도 따라서 보자 그는 의기양양한 표정으로 연아에게 윙크를 했다.

나는 더 이상 캐묻지 않고 연아 옆에 앉았다.

"좋아, 오늘부터 너희는 내 제자가 되었다. 우는 아이도 입을 다물게 하는 최고의 비즈니스 코치인 내가 받아들인 첫 제자야!"

"잘 부탁드립니다!"

우리는 다시 큰 소리로 말했다.

"나는 자네 둘을 적당히 받아들인 게 아니야. 코치의

적성을 갖춘 두 명의 인재가 우연히 동시에 나타났기 때문이지. 이것도 다 코치로서 은퇴를 결정하고 어젯밤 같은 파티에 처음 참가한 내게 신이 주신 선물, 아니 숙명이라고 해야 할까…….”

알로하 신사는 차분히 이야기하면서 웨이터를 불러 나와 연아에게 음료 메뉴를 건넸다.

“선생님, 이제 은퇴하시는 건가요?”

“새로운 고문 계약이나 갱신은 하지 않기로 결정했어. 그보다 두 사람은 ‘코치의 적성’이 뭐라고 생각하나?”

연아가 대답했다.

“어제 BB에게 말씀하신 ‘만반의 준비를 하는 것’일까요? 그렇다면 저는 아직 프로라고 할 수 없겠군요…….”

“비즈니스맨으로서 항상 만반의 준비를 다하는 것은 필수지. 단, 그걸 ‘코치의 적성’이라고 할 수는 없어.”

우리는 가져온 커피를 한 모금 마시고 서로의 얼굴을 보며 잠시 생각했다.

“그럼 BB의 적성부터 가르쳐주지!”

나는 커피잔을 내려놓고 자세를 바로 했다.

"바로 바보 같다는 거야!"

순간 나는 의자에서 미끄러질 뻔했다.

"'바보 같은 것'이 코치의 적성 중에서도 가장 중요하다고 할 수 있지."

"제가 내세울 학력도 없고 특별한 전문지식도 없는 건 맞지만······."

알로하 신사는 말을 이었다.

"내가 말하는 바보는 학력이나 지식이 없다는 뜻이 아니야. '근거 없는 자신감'이 있다는 뜻이지."

'근거 없는 자신감······?'

"근거 없는 자신감이란 말처럼 오묘한 말도 없어. 뭐 한마디로 말하면 '자신을 확고히 신뢰할 수 있다'는 말이 되겠지."

나는 순순히 기뻐하지 못했으나 일단 메모를 했다.

"지금까지 만난 슈퍼 엘리트 중에서 나에게 '코칭을 가르쳐달라!'고 말한 사람은 없었어. BB는 겸손한 청년이지만 무서울 정도로 자기 분수를 모르는 바보인 것도 사실이야."

나는 '가르쳐달라고 말하지 않았는데요!'라고 반박하고 싶었지만 그냥 입을 다물기로 했다. 어딘가 석연치 않은 기분으로 연아의 공책을 보니 예쁜 글씨로 'BB는 바보'라고 큼지막하게 적혀 있었다.

"바보란 자기긍정감이 높다는 뜻이기도 해. 참고로 자신감이란 〈자〉신을 〈신〉뢰할 수 있다'는 뜻이고."

나는 코치의 적성에 대해 '자신을 신뢰할 수 있는 것(자신감)'이라고 메모했다.

알로하 신사는 말을 이었다.

"자신감 없어 보이는 녀석들의 특징은 말이지……

- 자기 자랑을 많이 한다.
- 인맥 자랑을 하고 자꾸 사람을 소개하려 한다.
- 입이 가볍다.
- 과거의 성과를 자랑하며 산다.
- 잘난 체하고 오만불손하다.
- 브랜드만 걸치고 다닌다.
- 단정적 조언을 많이 한다.

대충 이런 면이 있어. 이런 사람은 코치에 맞지 않아."

나는 예상 밖의 설명에 놀라며 열심히 메모했다.

"코치란 직업은 무엇보다도 고객의 잠재력을 고객 이상으로 계속 믿을 수 있는지가 중요해. 먼저 코치 자신이 자신의 무한한 가능성을 믿지 못하면 안 되기 때문에, 몹시 어렵지."

나는 알로하 신사가 빠르게 말하는 것을 한 글자 한 글자 놓치지 않고 열심히 받아 적었다.

"코치로 일하며 특별한 능력은 필요 없어. 바보에 자신을 믿을 수 있는 사람이라면 누구나 코치가 될 수 있지."

연아는 몇 번이나 고개를 끄덕이며 나보다 더 빨리 메모했다.

"그럼 다음은 연아에게 있는 코치의 적성에 대해 얘기해볼까."

연아는 조금 쑥스러운 표정으로 알로하 신사를 바라보았다.

"바로 '친절함'이야."

우리는 또다시 뜻밖의 대답에 눈이 휘둥그레졌다.

"두 사람에게 묻겠다. 너희 두 사람이 생각하는 '친절한 사람'의 정의는 뭐지? 자네들 마음속 정의를 먼저 노트에 써봐."

나는 연아의 얼굴을 보면서 생각난 것을 노트에 적기 시작했다. 2분쯤 후 우리는 노트를 알로하 신사 쪽으로 돌려놓았다. 나부터 소리 내어 읽었다.

"자신을 인정해주고 지켜봐주는 사람."

"상대를 믿고 배려하지만 때로는 엄격하게 지켜봐주는 사람."

알로하 신사는 우리의 대답을 듣고선 이렇게 말했다.

"대충 봤을 뿐인데도 BB와 연아가 생각하는 친절함의 정의가 다르다는 걸 알 수 있지?"

나는 말없이 고개를 끄덕였다.

"코치는 '친절함'을 어느 정도 깊이 정의하고 체현하지 않으면 결과를 낼 수 없어."

나도 연아도 그의 말이 무슨 뜻인지 이해가 되지 않아 고개를 갸웃했다.

"그 이유는 다음에 자세히 설명하겠지만 안이한 친

절로 고객과 관계를 맺고 섣불리 공감하고 칭찬만 해서는 고객의 능력도, 가능성도 이끌어낼 수 없어."

그러자 연아가 물었다.

"고객에게 호감을 사려고 하는 '친절함'으로는 제대로 된 코칭을 할 수 없다는 거죠?"

"그래. 마음속에 자리한 친절에 대한 정의는 쉽게 바뀌지 않아. 과거에 자신이 느꼈던 경험이 크게 영향을 미치기 때문이야. '친절'이란 말은 정말로 깊은 의미를 지니고 있어서 코치의 적성에 아주 중요하지."

이야기를 듣고 보니 나는 나에게 잘해주는 사람을 '친절한 사람'으로, 상대에게 호감을 얻으려고 배려하는 것을 '친절함'이라고 애매하게 정의했던 것 같았다. 하지만 이렇게 코치의 적성에 대한 이야기를 듣는데도 나는 좀처럼 자신감을 가질 수가 없었다. 표정을 보니 연아도 나와 같은 생각을 하고 있는 게 분명했다.

하지만 그가 거짓말쟁이든 바보든, 나에게 적성이 있다고 말해준 것에 이상하게도 마음이 놓였다.

조언하지 않고
상대방의 생각을 이끌어내는 대화

"내가 확신하는 '코치의 적성'은 이 두 가지뿐이고 그 밖에 특별한 재능이나 능력은 필요 없어. 다른 건 나중에 어떻게든 되거든. 참고로 난 학력도 없고 특별한 자격도 없다네."

연아가 놀란 얼굴로 물었다.

"그럼 대체 코칭은 어떻게 배운 거예요?"

"나는 뇌과학이나 심리학, 행동과학 같은 건 책으로 공부했지만 코칭 방법은 직접 시행착오를 겪으면서 실행하고 고민하며 배웠지."

알로하 신사는 커피를 한 모금 마시고 이야기를 계속했다.

"코칭은 조언 없이 더 빠르고 확실하게 쌍방향 대화를 해서 고객의 목표 달성을 돕는 커뮤니케이션 기술이야."

우리는 빠르게 메모를 하면서 이야기에 집중했다.

"규칙은 단 하나! '조언을 하지 않는다'. 말하는 방식에 따라서는 조언만 하지 않으면 뭘 해도 좋다."

연아는 그 말에 의아한 표정으로 펜을 놀리면서 이렇게 질문을 했다.

"어제 참가자들 중에는 선생님 덕분에 목표를 달성할 수 있었다고 말하는 분들이 많았는데, 조언을 하지 않았는데도 사람들이 그렇게 감사해하는 건가요?"

알로하 신사는 미소를 지었다.

"자네는 조언을 받지 않으면 고마운 마음이 들지 않나?"

연아는 먼 곳을 바라보며 잠시 생각에 잠겼다. 알로하 신사도 그녀가 입을 열기를 기다리는 것 같았다.

"사람들에게 돈도 받으면서 조언도 하지 않고 감사

한 마음까지 들게 하는 대화란 대체 어떤 대화일까요. BB는 어떻게 생각해?"

방심하다 허를 찔린 나는 잠시 주저하다가 이렇게 대답했다.

"어제 인터넷에서 코칭에 대해 조사를 좀 해봤는데, 질문을 통해 상대에게 생각을 이끌어낸다고……."

"그러면 질문을 받은 사람이 스스로 생각해서 실행하면 결과가 나온다는 거야? 나나 BB가 질문을 던져서 대화를 주거니 받거니만 해도 사람들이 돈을 낸다는 건가……."

나는 내 얄팍한 대답을 후회하며 계속 생각해보았다. 그러자 알로하 신사가 왠지 기쁜 듯이 말했다.

"잘 들어. 내가 앞으로 두 사람을 훌륭한 프로 코치로 키울 거야. 내 제자인 이상 평범한 코치가 아니라 '사람들이 줄을 서는 최고 프로 코치'를 목표로 해야 돼. 내가 관여하는 기간은 반년, 그사이에 숙제도 많이 낼 거야. 따라오지 못하면 거기서 끝이다, 알겠나?"

"네!"

나와 연아는 망설임 없이 대답했다.

"지금 두 사람이 생각한 그 질문에 대해 앞으로도 6개월 동안 쭉 생각해줬으면 해. 그게 숙제야. 아니, 6개월 후에도. 나도 30년 이상 계속 이 질문의 답을 생각해왔어. 완전히 은퇴할 때까지 계속 생각하겠지. 바로 그게 코치로서의 삶을 선택한다는 의미야."

'코치로서의 삶을 선택한다.' 나는 무의식중에 이 대사를 노트에 크게 적었다.

"코칭에는 100개가 넘는 스킬이 있어. 단, 나는 그런 코칭 스킬을 가르치는 귀찮은 일은 하지 않을 거야. 인터넷이나 책으로 조사하면 썩을 만큼 지식을 채울 수 있으니 그런 건 스스로 공부하도록."

'뭐라고요? 4만 코루나나 냈는데 가르쳐줘요!'라고 말할 뻔했으나 신기하게도 앞이 전혀 보이지 않는 반년간의 훈련에 가슴이 점점 두근대고 있음을 느낄 수 있었다.

"그럼, 이제 곧 점심시간이야. 오늘은 마지막으로 앞으로의 훈련 계획을 발표하겠다!"

나는 커피를 다 마시고 알로하 신사의 얼굴을 응시했다.

"훈련은 아주 간단해. 오늘부터 너희 둘은 나의 코치가 될 거야."

"네?"

연아와 나는 엉겁결에 동시에 큰 소리를 냈다. 그는 우리의 동요에도 아랑곳하지 않고 이어서 말했다.

"주제는 '최고의 은퇴'야."

나는 메모를 하면서 이렇게 질문했다.

"주제라면 세션의 목표는 아니라는 말이군요?"

"웬일로 날카로운 질문을 했군, BB. 맞아. 코치와 고객의 목표는 그렇게 쉽게 정해지지 않아. 그러니 목표로 만들어가는 것부터 제대로 세션을 진행해보자구."

그러자 연아도 계속 확인했다.

"선생님, 다음 훈련은 언제인가요?"

그는 재킷을 걸치며 싱긋 웃었다.

"다음 수업은 한 달 후 이 호텔에서 하지! 아침 9시에 집합이야. BB, 다음 달 오늘을 다음 훈련 날로 잡을 테니까 방을 예약해둬! 그럼, 마이 코치들!"

나는 메모를 하면서 알로하 신사의 등에 대고 "알겠습니다" 하고 대답했다.

"아 맞다! 코치가 되는 데 가장 중요한 말을 잊고 있었군. 그건 말이야, '되어 있는 것'이라네. 그럼!"

그렇게 말하고 그는 호텔 안뜰을 떠났다.

"되어 있는 것……?"

연아와 나는 자리에서 일어나 알로하 신사의 왠지 모르게 커 보이는 하얀 등을 바라보았다. 우리는 그 자리에서 노트를 정리하고, 각자 서점에서 코칭 책을 사서 내일 일이 끝난 뒤 만나기로 약속했다.

그렇게 프로 코치가 되기 위한 우리의 훈련이 시작되었다.

▸ 코치가 가져야 할 요건으로는 '바보 같음'과 '친절함'이 있다.

바보 같다는 것은 근거가 없더라도 자신을 신뢰할 수 있어야 한다는 뜻이다. 자존감이 높지 않으면 고객의 가능성을 끝까지 믿지 못한다.

친절하다는 건 '친절함'의 정의가 깊이 체현되어 있다는 뜻이다. 단순히 고객에게 호감을 얻으려고 하는 친절함으로는 코칭을 할 수 없다.

▸ 코치가 되기 위해서는 조언을 하지 않고, 고객이 가치를 느낄 수 있는 커뮤니케이션이 무엇인지를 매일 생각해야 한다. 또한 늘 코치가 '되어 있는 것'이 중요하다.

코치는 단순히 직업이 아니라 삶의 방식이다. 코치가 되어야 비로소 자신에게 부족한 것이 뭔지 알게 된다.

2장

내가 아닌
상대방에게
포커스를 맞추는 법

모든 것은 올바른 질문에서 시작한다

한 달 후, 나와 연아는 로비에서 만나 알로하 신사가 머무는 호텔 방으로 향했다.

"BB, 왠지 긴장된다. 오늘이 우리의 기념비적인 코치 데뷔 날이라서 그런가."

"네."

나는 넥타이를 고쳐 매며 크게 심호흡을 했다.

"사실 어젯밤엔 긴장해서 잠을 거의 못 잤어요……. 그래도 연아 씨가 정리해준 목표 설정 질문집은 전부 외웠어요."

새로 맞춘 양복을 입은 내 어깨를 두드리며 연아가 말했다.

"괜찮을 거야! 할 수 있는 건 다 했으니 자신감을 가지고 세계 최고의 코치를 코칭하러 가자."

방 앞에 도착한 우리는 한 번 크게 심호흡을 하고 방을 노크했다. 기다리고 있었다는 듯 청바지에 알로하 셔츠를 입은 신사가 문으로 얼굴을 내밀었다.

"BB! 자네 잠이 부족한 게로군! 우중충한 얼굴이 양복에 밀리고 있어! 연아는 머리를 잘랐네. 옷차림에서도 우수한 여성 코치의 느낌이 나는걸."

"어머, 조금 잘랐을 뿐인데 잘 알고 계시네요!"

나는 방에 있는 거울에서 내 칙칙한 얼굴을 확인하면서 거의 매일 보던 연아의 변화를 눈치채지 못한 나 자신을 원망했다.

"그럼 차를 끓일 테니까 거기 앉아서 코칭 준비나 하고 있어."

나는 노트와 펜을, 연아는 노트북을 열고 스위트룸의 오픈 키친에서 물을 끓이고 있는 알로하 신사를 조용히 기다렸다.

"어이, 코칭 준비에는 컴퓨터도 노트도 필요 없으니 치우도록 해!"

"네? 하지만 메모를 하면서 대화를 해야……."

알로하 신사는 차를 나르면서 재빨리 대답했다.

"그건 세션 후에 해야 할 일이야. 나처럼 최고의 코치가 되고 싶다면 세션 중에는 온 신경을 고객에게만 집중해야 돼. 입장 바꿔 생각해봐. 세션 중에 컴퓨터를 탁탁 두드리며 이야기를 하는데, 안심하고 이야기할 수 있겠어? 노트도 마찬가지야. 뭘 메모하는지 신경 쓰이겠지."

우리는 한 달 동안 철저히 공부한 일반적인 코칭 방식에 맞춰 세션에 임하려 했으나 그 상식은 알로하 신사의 한마디로 비상식이 됐다. 의기소침해진 동시에, 우리가 일반적인 코칭을 목표로 하는 것도 아니고 흔한 코칭 스쿨에서 자격증을 따려는 것도 아니라는 사실을 새삼 깨달았다.

"그럼, 코치 여러분, 나는 이제 여러분의 클라이언트가 될 거야. 앞으로 6개월간 잘 부탁해. 부디 내가 '최고의 은퇴'를 할 수 있게 도와주게나."

연아는 허리를 꼿꼿이 펴고 이야기를 시작했다.

"그럼, 페그다 씨, 잘 부탁드립니다. 앞으로 저희 둘이서 선생님의 목표 달성을 도와드리겠습니다. 바로 본론으로 들어가서 오늘은 '최고의 은퇴'를 실현한다는 주제를 목표로 바꾸는 세션을 하겠습니다."

"잘 부탁하네."

알로하 신사는 긴장한 연아와는 반대로 아주 편안한 분위기로 홍차를 음미하고 있었다.

"바로 질문드리겠습니다. 페그다 씨는 어떤 상태에서 은퇴를 하면 최고로 행복할까요?"

알로하 신사는 위를 비스듬히 올려다보고 말했다.

"몰라, 상상도 못하겠어."

예상하지 못한 대답에 나와 연아는 눈이 휘둥그레졌다. 목표를 설정할 때는 우선 어떤 감정을 느끼고 싶은지를 묻는 게 첫 번째라고 수많은 책과 인터넷에 나와 있었기 때문이다.

나는 재빨리 도움을 청하는 눈빛으로 연아를 바라보았다.

"그렇다면 페그다 씨, '최고의 은퇴'라고 하셨는데,

페그다 씨에게 '최고'의 정의는 무엇인가요?"

알로하 신사는 다시 위쪽을 비스듬히 보다가 말했다.

"최고가 최고지, 뭘 정의하라는 건지 모르겠군."

그 순간, 우리는 한 달 동안 피땀 흘려 준비했던 모든 걸 포기했다. 우리가 생각했던 세션의 흐름은 이 질문들 중 하나에서 시작하는 것이었기 때문이다. 내 머릿속은 새하얘졌지만 연아는 초조한 표정을 지으면서도 어떻게든 이야기를 이어갔다.

"그럼 조금 더 시간을 갖고 천천히 생각한 뒤에 뭐라도 좋으니 자유롭게 대답해주세요."

그는 재빨리 대답했다.

"생각이 안 나는 건 며칠을 생각해도 생각이 안 나."

연아도 이 한마디에 포기했는지 입술을 깨물며 곤경에 빠진 소녀 같은 눈빛으로 내게 도움을 청했다. 알로하 신사는 말없이 행복한 얼굴로 마들렌을 먹었다.

"벌써 끝난 거야?"

그와 시선이 마주친 나는 연아에게 허락도 없이 평계를 댔다.

"죄송합니다. 이 두 가지 질문에 대한 답을 더 깊게

파고들어 구체적으로 반년 안에 무엇을 실현할 것인지 함께 고민해나가는 전략이어서…….”

그러자 알로하 신사는 뜻밖의 말을 했다.

“음. 둘 다 좋은 질문이었어. 지난 한 달 동안 둘 다 열심히 공부하고 준비했다는 걸 알 수 있었네.”

나는 조금 안도하는 표정으로 연아를 보았다. 그녀 역시 같은 마음으로 알로하 신사를 보는 것 같았다.

“다만, 코칭은 아무리 좋은 질문을 배우고 익혀도 그게 상대에게 효과적으로 작용한다고 볼 수는 없어. 솔직히 심술부리려던 게 아니라 ‘지금의 나에게는’ 정말 대답하기 어려운 질문이었다네.”

나는 지난 한 달 동안 코칭 관련 서적을 서른 권 넘게 읽었고, 인터넷에서 코칭 세미나 동영상을 몇 편이나 봤다. 하지만 그것만으로 코칭을 조금 안다고 생각했던 나 자신이 부끄러웠다.

“이제 코치는 스포츠뿐만 아니라 비즈니스에서도 필수적인 직업이 됐어. 전 세계에 코치 자격증을 발급하는 코칭스쿨은 수없이 많지만, 코치로서 성과를 내고 충분한 돈을 벌며 오랫동안 활약하는 사람은 극소수에 불과해. '코칭을 배우고 자격증을 따는' 것과 '활약할 수 있는 코치가 되는' 것은 완전히 다른 공부가 필요하기 때문이지."

연아가 고개를 끄덕이며 말했다.

"그러고 보니 인터넷에서도 '어느 코칭스쿨에서도 돈을 벌 수 있는 코치가 되는 방법까진 가르쳐주지 않는다'고 쓰여 있었어요."

"그야 당연하지. 이론은 얼마든지 공부할 수 있지만, 열이면 열 서로 다른 고객이 결과를 낼 수 있게 하는 방법은 실천을 통해서만 배울 수 있고, 그 방법을 가르칠 수 있는 코치는 그렇게 많지 않아."

알로하 신사는 두 번째 마들렌을 먹은 손가락을 핥으며 이어서 말했다.

상대방을 생각하지 않는 조언은
공허한 메아리일 뿐

"고대 중국에서부터 전해 내려오는 이야기가 있어. 수레 만드는 장인이 책을 읽고 있는 공작에게 물었지.

'무슨 책을 읽고 계시죠?'

그러자 공작이 말했어.

'옛 성인들의 말씀을 읽고 있네'

그 말을 들은 장인은 이렇게 말했지.

'그렇다면 공작님이 읽고 있는 건 옛사람의 '잔재'에 지나지 않겠군요'

그 말을 듣고 화가 난 공작이 말했어.

'어떻게 그렇게 잘난 척하는 말을 할 수 있지? 이유를 말해보게. 제대로 설명하지 않으면 자네를 사형에 처할 거야'

그러자 그 장인은 이렇게 대답했네.

'이 수레를 만들기 위해서는 축을 너무 꽉 조이거나 너무 느슨하게 해서는 안 되고 딱 맞게 만들어야 합니다. 그래서 저는 이 두 손으로 만져보면서 딱 맞는 정도를 판단합니다. 이건 일단 말로 표현할 수 없어요. 기록해서 남길 수도 없죠. 그뿐인가요, 저의 직감과 감각은 아들에게도 전할 수가 없습니다……. 이제 옛날 사람들은 죽었고 전하지 못한 직감과 감각은 사라져버렸습니다. 그러니 공작님이 읽는 건 옛사람의 '잔재'라고 말하는 것이지요.'"

알로하 신사는 우리를 보고 말했다.

"내가 무슨 말을 하려는지 알겠나?"

그 질문에 연아가 대답했다.

"아무리 책을 읽고 학교에서 배워도 그 배움은 '잔재'에 지나지 않는다는 거죠."

그는 고개를 저었다.

"내가 하려는 말은 이제부터 너희에게 '잔재'가 아니라 초일류 프로 코치의 '감각'을 전해주겠다는 거야."

힘껏 고개를 끄덕이는 우리를 보면서 알로하 신사는 이야기를 계속했다.

"돈을 벌기 위해서는 당연히 비즈니스 능력이 필요해. 특히 눈에 보이지 않는 서비스를 제공하는 코치가 고객을 모으려면 '비즈니스를 보는 눈'이 반드시 필요하거든."

"그걸 가르쳐주실 수 있을까요?"

나도 모르게 큰 소리로 물었다.

"물론이지. 여러 번 말했지만 기본적인 코칭은 스스로 배워야 해. 나는 자네들을 '돈을 벌 수 있는 최고의 프로 코치'로 만들기 위한 훈련을 할 거야."

"네!"

연아는 대답하자마자 곧바로 질문을 던졌다.

"그럼 일단 코치에서 제자로 돌아가서 질문하겠습니다. 이번 경우는 대체 뭐가 문제였을까요?"

알로하 신사는 찻잔을 들고 말했다.

"힌트만 말해줄게. 자네들은 고객인 나를 전혀 보지

않았어. 그래서 실패한 거야."

내 머리 위로 커다란 물음표가 떠올랐다.

"다른 사람의 목표를 공유하고 이루게 해주는 코칭 행위에는 매우 무거운 책임이 따르지. 이 훈련도 그렇지 않나? 너희들은 저축의 80퍼센트를 이 훈련에 투자하고 인생을 걸고 이 훈련에 임하고 있으니까."

나는 순간 연아가 알로하 신사에게 준 내 것보다 몇 배나 두꺼운 봉투를 떠올리고 허리를 꼿꼿이 세웠다.

"내가 그 각오와 기대에 책임을 지고 전력을 다해 부응해야 하는 것처럼, 자네들도 훈련의 일환이라곤 해도 내 오랜 코치 인생의 마지막에 대해 똑같이 책임감을 갖고 코칭을 해야 하겠지."

연아와 나는 말없이 고개를 끄덕였다.

"그런데 두 사람은 어때, 지금 그런 '책임질 수 있는 상태'인가?"

나는 그런 관점에서는 전혀 생각해본 적이 없었다.

"결국 결과를 낼 수 있는 코치와 그렇지 못한 코치의 차이는 그 상태의 차이라네."

'이끌어준다'가 아닌
'뒤에서 지원해준다'

우리가 잠시 생각에 잠기자 알로하 신사가 말했다.

"그러면 질문을 바꿔보지. 코치는 고객의 무엇을 책임져야 하는 걸까?"

"목표를 달성하는 것?"

나는 재빨리 대답했다.

"그럼, 어떤 목표가 됐든 자네는 거기에 책임을 질 수 있나?"

"그, 그건……."

"사실 코치는 목표 달성엔 책임을 지지 않아."

우리는 예상 밖의 발언에 눈을 휘둥그레졌다.

"아니, 그런 무책임한……."

"아니. 외려 그런 생각이야말로 안이하고 무책임하다고 할 수 있지."

나는 점점 더 뭐가 뭔지 알 수 없었다.

"그럼 질문을 바꿔서, 목표를 달성하는 사람은 누구지?"

"고객입니다."

"그럼 코치는 뭘 하지?"

"'목표를 달성시켜주는' 역할 아닌가요?"

연아는 확신에 찬 목소리로 또박또박 말했다.

"바로 그거야! 자네들도, 세상에 많은 프로라곤 할수 없는 코치들도, 코치는 고객의 '목표를 달성시켜주는 사람'이자 '달성시켜주는 것'이 그들의 일이라고 착각하고 있어."

연아는 그 말을 곱씹었다.

"하지만 어떤 책에도 그렇게…… 코칭의 어원은 '마차'이고 목적지까지 데려다주는 사람이라고……."

"물론 우리는 목표를 향해 최선을 다해 함께 가겠지만, 코치는 고객의 뒤에 있어야지 앞에 서 있으면 안 돼.

코칭이란 말의 어원은 분명 마차에서 왔지만 코치가 고객을 끌고 가거나 이끄는 건 아냐."

우리는 한 달 동안 공부한 코칭 지식과는 너무나 다른 알로하 신사의 설명에 입을 다물지 못했다.

"'코치의 역할'을 한마디로 표현한다면, 어두운 터널 안에서 고객이 가기로 결정한 방향으로 뒤에서 불빛을 비춰주는 거랄까."

"그러면 코치는 그냥 뒤에서 고객을 따라간다는 말인가요?"

"그렇지. 고객의 목표를 '달성시켜준다'는 과신은 버려야 해. 바로 그 '과신의 무서움'을 아는 코치가 진정한 프로라고 할 수 있어."

우리는 서둘러 메모를 하기 시작했다.

"그러고 보면 우리는 선생님의 목표를 끌어내고 어떻게 달성시킬까만을 생각하고 준비했어요. 그래서 주인공인 선생님을 보지 않고 억지로 끌고 가려는 세션을 했던 거군요……."

알로하 신사의 표정은 온화한 미소로 바뀌었다.

"뭐, 그런 거지. 이끌어준다는 자세로는 프로 코치가

될 수 없어."

터널 뒤에서 조명을 비추는 세션이란 대체 어떤 세션인가. 나는 말없이 생각에 잠겼다.

알로하 신사는 진지한 눈빛으로 이어서 말했다.

"코치는 고객의 목표를 달성하기 위해 존재한다. 다만 목표 달성은 고객이 하는 거라서, 코치가 고객의 목표 달성에 책임을 질 수는 없어. 그럼 연아, 코치는 도대체 뭘 책임져야 할까?"

연아는 잠시 머리를 감싸 안더니 포기했는지 알로하 신사를 보고 고개를 갸웃했다.

"그건, 고객이 목표를 달성하기 위해 결정한 행동을 해낼 때까지 고객을 고객보다 더 믿고, 할 수 있을 때까지 돕는 거야. 물론 그만두면 그만이지만."

스스로 움직일 때,
더 멀리 갈 수 있는 법

이 이야기를 듣고 나는 여러 가지 의문이 들었다.

"고객이 결정한 행동을 하고 목표를 달성하지 못하면 그건 코치의 책임이 아니라는 말인가요?"

"좋은 질문이야. 결론부터 말하자면 '그렇다'고 할 수 있어. 그래서 고객이 행동을 결정하는 과정에서 코치의 실력이 요구되기도 하지."

"그렇군요······. 하지만 선생님, 고객이 행동을 멈췄다고 해야 할까, 바꿨을 때는 어떻게 해야 할까요?"

연아는 나도 궁금해했던 걸 계속해서 물었다.

"좋은 질문이야. 결론부터 말하자면 바꾸는 것이 일종의 '회피'로 판단된다면 코치가 그 회피에 대해 피드백해야 돼. 만약 바꾸는 것이 '행동해보고 수정'한 거라면 둘이서 바꾸는 것에 대해 다시 세션을 하고."

나는 힘차게 고개를 끄덕이면서 아주 조금 코칭의 심오한 세계를 접한 것 같은 느낌을 받았다.

"'한 사람의 인생을 크게 좌우하는 행동을 끌어내는 코치가 가장 중요시해야 하는 것은 무엇인가?' 이 질문에 대해 깊이 생각해보지 않으면 진정한 코치가 될 수 없어."

'코치가 세션에서 가장 중요시해야 하는 것'

우리는 이 질문을 노트에 크게 적었다.

"지난 한 달 동안 수많은 코치를 인터넷에서 찾아봤어요. 코칭 스킬에도 있는, 누군가를 철저하게 따라 하는 모델링을 해보려고 많은 여성 코치를 조사했는데…… 이 사람이다 싶은 코치를 찾을 수 없었습니다."

"오, 지난 한 달 동안 모델링까지 하려고 했다니 대단하군."

"하지만 찾지 못한 건 제가 아직 '이 질문'을 깊이 생각하지 못했기 때문일 수도 있고 코치를 바라보는 중요한 시점이 부족했기 때문일 수도 있어요."

나는 한 걸음, 두 걸음 앞서가는 연아에게 순수하게 감탄했다.

"코치가 세션에서 뭘 가장 중요시하는지는 그 코치의 세션은 물론이고 홈페이지와 SNS를 봐도 잘 알 수 있지."

"저……, 내친김에 선생님이 코칭에서 가장 중요하게 생각하는 건 뭔가요?"

눈치 없는 내 질문에 연아가 어이없다는 표정을 지었다.

"그걸 스스로 생각하는 게 바로 훈련이죠, 선생님!"

하지만 알로하 신사는 웃으면서 뜻밖의 대답을 했다.

"바로 이 스탠스가 답이다."

나와 연아의 머리 위에 커다란 물음표가 떴다.

"내 생각에 코치가 세션에서 가장 중요시해야 하는 건 '고객이 자신의 힘으로 목표를 달성했다는 성취감을 맛볼 수 있게 하는 것'이야."

나는 신중히 대답을 고르며 말했다.

"그런데 우린 목표를 달성해야 한다는 책임감에 쫓겨 주인공이 고객이란 사실조차 잊고 주제넘은 세션을 했군요……."

"그래, 너희들은 '코치'인 주제에 주인공인 날 보지도 않고, 날 무시하고 억지로 끌고 가려고 했어. 그게 얼마나 뻔뻔스럽고 부끄러운 일인지 알아둬."

나와 연아는 쓴웃음을 지을 겨를도 없이 알로하 신사의 말을 하나하나 열심히 받아 적었다.

"코치가 고객에게 '당신 덕분에……'란 인사를 들었다면 어떤 의미에서 그 코치는 이류라고 할 수 있어."

이어지는 알로하 신사의 뜻밖의 발언에 내 머리는 마비됐다.

"이것만은 명심해. 코치는 고객의 신뢰를 얻는 게 무엇보다 중요하지만 고객이 코치에게 의존하면 끝이야. 자네들이 목표로 하는 일류 프로 코치는 '고객이 스스로 움직일 수 있게 하는' 코치야. 그래서 고객을 잘 보고 고객이 스스로 생각하고 행동할 수 있게 세션을 만들어야 해."

의미는 나중에 생각하기로 하고 나는 일단 메모를

하는 데 전념했다.

"자, 오늘 훈련은 여기까지! 다음 달 같은 날에 다시 와서 내 목표를 명확히 해줘."

알로하 신사는 자리에서 일어나 창문을 열고 기지개를 켰다.

나와 연아는 열심히 휘갈겨 쓴 노트를 한참 바라보다 찻잔을 부엌에 갖다놓은 뒤, 선생님에게 인사를 하고 방을 나왔다. 밖으로 나오자 어깨의 힘이 쑥 빠지는 기분 좋은 바람이 불었다.

"BB, 아직 시간 있으면 카페에서 오늘 공부한 거 같이 정리할래?"

"네, '고객을 본다'는 게 구체적으로 어떤 건지 곰곰이 생각해보고 다음 달에 써먹어야죠."

그렇게 우리는 카페 오픈 테라스에서 샌드위치를 먹으며 노트에 알로하 신사가 한 말을 정리했다.

BB's Summary Note

▸ 코치는 고객의 목표를 '달성시켜주는' 사람이 아니다. 목
  표 달성을 하지 못했다고 해서 책임을 질 수는 없다.

▸ 코치는 고객이 실행할 수 있는 최선의 행동을 끌어내고
  실행할 때까지 관여할 책임이 있다.

▸ 코칭의 핵심은 고객이 '내 힘으로 목표를 달성했다!'라
  는 성취감을 맛볼 수 있게 하는 것이다.

| 3장 |

다른 차원의
질문을 던져라

누군가를 진정으로
응원한다는 것의 의미

한 달 후, 우리는 다시 알로하 신사의 방에 모였다. 시작 전 그가 화장실에 간 사이 연아가 흘러내린 머리를 다시 묶으며 말했다.

"BB, 오늘은 내가 '그 질문'부터 해서 5분가량 이야기를 확장시켜볼게."

오늘 우리의 주제는 알로하 신사를 관찰하는 세션을 통해 목표를 명확하게 설정하는 것이었다. 지난 한 달 동안 우리는 쉬지 않고 '고객을 본다는 건 무엇인가?'에 대해 토론에 토론을 거듭했고, 그 결과 심플한 답을 얻을 수 있었다. 바로 고객을 주인공으로 만들기 위해 '고객을 더 자세히 아는 것'부터 시작하자는 것이었다.

5분쯤 지나자 엉덩이 쪽이 불편해 보이던 알로하 신사가 화장실에서 나왔다.

"어이, 잘들 지냈나? 난 치질이야."

우리는 그 말을 못 들은 척하고 부엌에서 우롱차를 끓여 그에게 내밀었다.

"그럼 이번에도 어서 세션을 시작하지, 마이 코치들."

연아가 목소리를 가다듬고 말했다.

"지난달에는 고객인 페그다 씨에 대해 잘 알지도 못하고 질문을 드려 죄송합니다. 오늘은 함께 목표를 이루는 여행을 하게 될 페그다 씨에 대해 몇 가지 질문을 드리려 합니다."

그러자 그가 엉덩이를 씰룩거리면서 말했다.

"최대한 사적인 것만 빼고 부탁해."

기선 제압을 하는 듯한 발언에 순간 나는 동요했지만, 연아는 냉정하게 이야기를 이어 나갔다.

"알겠습니다. 대답하기 싫으면 대답하지 않아도 되

니 가능한 한 많이 말해주세요. 페그다 씨가 코치를 하게 된 계기는 무엇인가요?"

커피잔을 한 손에 든 그가 말했다.

"정말로 응원하고 싶은 사람이 있어서…… 그 사람을 위해 코칭을 열심히 공부한 게 계기였어. 그 이상은 말하고 싶지 않아."

연아는 그의 얼굴을 보고 천천히 고개를 끄덕이며 말을 이었다.

"네, 알겠습니다. 참고로 저도 그렇습니다. 사실 저는 싱글맘으로 일곱 살짜리 아들이 있어요. 코치가 되기로 결심한 것도 아들에게 최고의 코치가 되고 싶었기 때문입니다. 같이 있는 시간이 많지 않아도 누구보다 응원하는 존재가 되고 싶어서요."

"예에?!"

옆에 있던 나는 너무 놀라 엉겁결에 소리를 질렀다. 연아와 2년 가까이 함께 일하면서 결혼해서 아이가 있다는 것도, 지금은 싱글맘이라는 것도 전혀 몰랐기 때문이다.

"그래서 페그다 씨가 코치가 된 동기를 알고 나니 왠

지 마음이 놓였어요."

그러자 알로하 신사는 조용히 미소 지으며 말했다.

"그러고 보니 한동안 그 시절 코치가 되고자 했던 '순수한 마음'을 잊고 있었는지도 모르겠군."

연아는 한동안 그 말을 조용히 음미하며 침묵을 지켰다.

"소중한 사람을 진정으로 '응원한다'는 건 쉬운 일이 아니야. 아무리 그 사람을 사랑한다 해도 응원의 질에는 차이가 나기 마련이니까."

나는 알로하 신사의 발언을 메모하고 싶었지만 세션 중이라 필사적으로 마음에 새겼다.

"그렇게 생각하면 내 코칭은 얼마나 깊고 강하게 그리고 효과적으로 '응원'할 수 있는지를 탐구하고 진화시켜온 학문이자 기술이라고 할 수 있지."

지난달과 달리 연아는 페그다 씨의 이야기를 아주 홀가분한 표정으로 듣고 있었다.

"소중한 사람을 응원하는 코칭 기술은 아끼는 사람이 있는 사람이라면 누구나 배워야 하고 배우고 싶어 할 거라고 생각해. 특히 어머니라면 누구나 아이를 위해 배우고 싶어 할 거야."

알로하 신사는 웃는 얼굴로 고개를 끄덕이고 차를 마셨다. 나는 내가 코치 역할을 해야 한다는 사실을 까맣게 잊고 두 사람의 대화를 감탄하며 듣고 있었다.

"페그다 씨도 많은 사람들에게 응원을 받았을 텐데, 페그다 씨가 생각하는 지금까지 가장 강하고, 깊고, 효과적으로 자신을 응원해준 사람은 누구인가요?"

"글쎄……, 그거야 역시 자기 자신이겠지!"

뜻밖의 대답에 순간 움찔했지만 연아는 자연스레 미소지으며 말했다.

"페그다 씨답네요. 솔직히 예상했던 대답이었어요."

알로하 신사와 연아는 다정하게 웃었다. 이후에도 두 사람의 자연스러운 대화는 한동안 이어졌다. 그 광경은 내가 들어갈 틈이 전혀 없는 다른 세계처럼 느껴졌다. 하지만 동시에 계속 보고 싶을 정도로 너무나 아름답고 기분 좋은 모습이었다.

"그래, 그럼 오늘은 여기까지 하자!"

알로하 신사는 연아와의 대화를 멈추고 찻잔을 비웠다.

"네? 아직 목표 설정도 못했는데……. 게다가 이제 BB 차례인데요……."

"아니, 충분해. 자네들은 고객을 관찰한다는 게 어떤 건지 제대로 생각하고 행동으로 보여줬어. 오늘은 합격이야."

나와 연아는 얼굴을 마주 보고 말없이 일단 하이파이브를 했다.

"그럼, BB! 옆에서 들었으니 방금 세션에서 내가 왜 지난달과는 상태가 달라졌는지 그 이유를 말해봐!"

나는 차를 한 모금 마시고 천천히 대답했다.

"네……. 저희는 오늘 고객인 '선생님을 보는 것'을 실행하기 위해 초반에 '선생님에 대해 아는 시간'을 가지려 했고, 그걸 연아 씨가 '자연스러운 모습'으로 멋지게 해냈기 때문이라고 생각합니다."

그러자 알로하 신사는 진지한 표정으로 고개를 끄덕이며 말했다.

"그렇지. 무엇보다 오늘의 승리 요인은 그 자연스러움이었어. 코치가 된다는 건 어깨에 힘을 팍 주고서 있는 힘껏 잘난 척하는 게 아니야. '나는 100퍼센트 고객을 위해 존재한다'는 자세를 보여줘야지. 오늘 연아는 1퍼센트도 자신을 위해 대화하지 않았어. 아주 훌륭한 코치가 됐다고 할 수 있다."

나와 연아는 필사적으로 메모를 하면서 고개를 끄덕였다.

"물론 아직 고객을 바라보는 시각이 약한 것 같으니 오늘은 코치에게 요구되는 '시점 레슨'을 하지."

"네!"

우리 두 사람은 첫 레슨에 가슴이 뛰었다.

4차원 시점의 질문

"자, 제군들, 침대 옆 선반 위에 있는 저 소녀 인형을 봐봐."

우리는 침대 옆에 있는 묘하게 거칠게 생긴 인형에 주목했다.

"선생님, 저 인형은 르네상스 시대에 이탈리아의 유명한 인형사가 만든 귀한 물건이에요. 이 호텔 주인의 취미인 것 같아요."

"그 녀석의 취미인가……. 저거 때문에 한밤중에 화장실을 못 가겠어!"

우리는 쓴웃음을 지으며 의자를 인형 쪽으로 돌렸다.

"그럼 우선 저 인형을 보고 얻은 정보를 말해봐."

우리는 교대로 대답했다.

"머리 색이 금발이에요."

"눈이 파랗고 예뻐요."

"고운 얼굴."

"옷의 자수가 섬세하고 고와요."

"레트로 느낌?"

"길이는 50센티미터 정도."

그러자 알로하 신사가 책상 위에 쌓여 있는 마카롱을 먹으며 말했다.

"그만하면 됐어. 그게 일반인의 시점에서 얻은 정보야."

우리는 우리가 했던 말들을 받아 적고 그의 다음 말을 기다렸다.

"지금 자네들이 보고 얻은 정보나 그 느낌을 '3차원 시점 정보'라고 부르지."

3차원이라……. 나는 일단 펜을 움직였다.

"코치에게 필요한 시점은 '4차원 시점', 나아가 '5차원 시점'이야."

SF 같은 이야기 전개에 별안간 나는 가슴이 두근거렸다.

"3차원은 인간이면 누구나 볼 수 있는 정보를 말해. 점(1차원)과 선(2차원)과 종縱으로 구성된 세계로, '3차원 시점'만으로는 코칭을 할 수 없고 이 수준에서는 코칭에서 이야기하는 '고객을 보는' 것도 할 수 없어."

"그렇군요. 지난달에 우리는 선생님을 '3차원 시점'으로만 본 상태에서 코치를 했던 거군요."

연아는 손을 움직이며 조용히 말했다.

"아니, '3차원 시점'으로도 보지 않았어."

연아는 나를 보고 혀를 내밀며 민망해했다.

"그럼 먼저 4차원 시점에 대해 설명하겠다. 4차원이란 3차원에 시간 축을 더한 시점으로, 어려운 물리학 이야기는 할 필요가 없고 그냥 뭘 보든 '시간'의 시점을 더하면 돼. 자, 그럼 지금 당장 저 인형을 '4차원 시점'으로 보고 얻을 수 있는 정보를 말해봐!"

"네? 저 인형은 15세기에 만들어진 인형입니다."

"음, 뭐, 일단 그것도 4차원 정보라고 할 수 있지!"

"하지만 그건 우연히 업무상 알고 있던 정보일 뿐이고, 더 이상은 모릅니다."

연아는 고개를 끄덕이고 알로하 신사를 바라보았다.

"그렇겠지. 그럼 힌트를 주지. 시간 축을 더해서 본다는 건 시공간을 넘어 '타임 슬립해서 본다'는 뜻이야. 미지의 정보에 눈길을 주는 것, 즉 '의문을 갖고서 본다'는 의미야."

"그럼 BB가 아무것도 몰랐더라면, '이 인형은 언제 만들어진 걸까?'란 질문이 4차원 시점으로 얻은 정보가 되는 건가요?"

"그래. '의문'을 가지는 것도 4차원 시점에서 보고 얻은 정보라고 할 수 있어. 호기심보다 더 가치 있는 정보는 없으니까. 아인슈타인도 비슷한 말을 남겼지."

우리는 즉시 4차원 시점으로 얻은 '의문'을 한껏 풀어보았다.

"이 인형은 어째서 이 호텔 방에 있게 된 걸까?"

"이 인형은 어떤 사람이 만든 걸까?"

"이 인형이 완성되기까지 얼마나 많은 시간이 걸렸을까?"

"이 인형은 얼마나 많은 사람의 손을 거쳐 만들어졌을까?"

"이 인형은 어떤 마음을 담아 만들어진 것일까?"

알로하 신사는 마카롱을 두 손에 들고 먹으면서 말했다.

"생각보다 쉽게 나올 거야. 어떤 질문이든 묻는 타이밍에 따라 다르겠지만 아주 가치 있는 '질문'이지."

연아는 흥분해서 소리쳤다.

"세상에! '시간 축'을 더해서 질문을 생각했더니 그 인형에 대해 더 알고 싶고 자연스럽게 애착도 생겼어요. 그런 관점에서 질문을 할 수 있으면 고객에게 더 관심이 생겨서 좋은 코칭을 할 수 있을 것 같아요."

알로하 신사는 의기양양하게 고개를 끄덕였다.

"그래, 코칭은 고객에게 얼마나 관심이 있느냐가 아주 중요해. 고객에게 관심이 없으면 지난번처럼 고객을 조연으로 만드는 끔찍한 코칭이 되거든."

"그 말대로 좋아하지도 않는 사람에게 관심을 갖고 대화하기는 어렵지만, 4차원 시점으로 질문을 생각해 낼 수 있으면 없던 관심도 자연스럽게 생기겠어요."

"말이 심하네, 연아!"

알로하 신사는 마카롱을 우물우물 씹으면서 연아를 째려보았다.

"아니……."

"너무해요, 연아!"

"BB! 자네는 가만히 있어!"

연아와 나는 웃음을 지으며 마카롱을 집어 한입에 먹었다.

진정한 피드백은
상대방의 이야기를 끌어내는 것

"잘 들어. 같은 4차원 시점이라도 질문 수준은 아주 천차만별이야. 방금 전에 연아가 '코치가 되고 싶었던 계기는 무엇이었나요?'라고 물었는데, 그 질문에는 과거에 시간 축을 둔 나에 대한 관심이 들어 있었어. 그래서 지난달과는 달리 고객인 나의 귀중한 정보를 몇 가지 끌어낼 수 있었지. 아마 같은 질문을 했어도 BB라면 끌어내지 못했을 거야."

나는 갑작스러운 지적에 당황하며 대답했다.

"아…… 네. 왠지 알 것 같아요. 연아 씨는 선생님이

'응원하고 싶은 사람이 있었다'고 말했을 때, 그 부분을 섣불리 질문해서 깊이 파고들지 않고 자신의 이야기를 담담히 하면서 선생님이 '순수한 마음을 잊어버렸을지도 모른다'는 사실을 일깨워주었습니다. 분명 저는 할 수 없었을 대화였다고 생각합니다."

"음, 거기까지 알았다면 자네도 할 수 있었는지 몰라. '코칭이란 100퍼센트 상대방을 위해 하는 대화'이자, '상대방 안에 해답이 있다는 걸 전제로 한 전문 기술'이거든. 그래서 말하는 건 고객이고, 코치는 주로 질문이나 피드백을 하지. 단, 실제로는 코칭이 그렇게 간단히 진행되지는 않아."

우리는 산전수전을 겪으며 지금의 위치까지 온 알로하 신사의 아름답지만은 않은 현실적 이야기에 정신이 팔려 있었다.

"상대방의 본심을 끌어내고 싶다면 자신의 본심을 먼저 말할 필요가 있듯이, 코치도 고객이 안심하고 홀린 듯 이런 저런 화제를 꺼낼 수 있도록 자연스러운 대화를 할 수 있어야 해. 코치에게 필요한 대화 능력은 질문 능력이나 피드백 능력보다 '이야기를 끌어내는 능력'이야."

우리는 어떤 책이나 인터넷에도 나와 있지 않은 뜻밖의 가르침에 어안이 벙벙했다.

"그러고 보니 저도 질문만 받는 건 싫어요. 자연스러운 대화를 해야 속마음도 더 많이 털어놓을 수 있고. 그렇게 생각하면 인간에게는 상대의 이야기를 들으면서 스스로에게 질문하는 속성이 있는 것일까요?"

"연아, 오늘은 유난히 날카롭군. 맞아, 사람들은 남의 말을 듣는 것 같아도 잘 듣지 않아. 이해하려고 하기보단 어떻게 받아칠까를 생각하면서 이야기를 듣지. 그러는 사이에 자신에게 자연스럽게 묻게 되는 거야."

나는 어렸을 때부터 자연스럽게 나눴던 평범한 대화조차 제대로 이해하고 있지 못했다는 사실을 깨닫고 무척 놀랐다.

"인간은 질문을 받을 때만 생각하는 게 아니라 '이야기를 들을 때도 생각하는 습성이 있다'는 뜻이야."

나와 연아는 차례로 나오는 예상 밖의 가르침을 놓칠세라 열심히 메모했다.

"하지만 그 '이야기를 끌어내는 능력'은 경험과 센스

가 필요해. 말을 너무 많이 하면 당연히 아웃이고. 다행히 질문 능력은 훈련으로 발전시킬 수 있으니 이어서 '4차원의 질문'에 대해 배워보도록 하지."

나는 내가 이야기를 끌어내는 일을 과연 할 수 있을까 생각하며 그의 말을 열심히 메모했다. 알로하 신사는 유창한 말투로 강의를 이어갔다.

"만약 연아가 '이야기를 끌어내는 능력'이 없었다면 '코치를 하게 된 계기는 무엇이었습니까?'라는 질문에 '응원하고 싶었던 사람이 있었기 때문입니다'로 끝났을 거야. 질문 자체는 과거에 시간 축을 둔 4차원 질문이었지만 그렇게 수준 높은 질문은 아니었어. 이 질문을 좀 더 대답하기 쉬운, 격이 있는 4차원 질문으로 바꿔봐."

나는 4차원 질문에도 차이가 있다는 건 어렴풋이 이해했지만 격을 높이는 방법에 대해서는 짐작조차 할 수 없었다.

"힌트를 주자면, 질문을 좀 더 구체적으로 해봐."

그러자 연아가 눈을 번뜩이며 말했다.

"선생님이 코치가 되기로 결심했을 때 어떤 일이 있

었나요?"

"좋아! 그런 느낌이야! BB 자네도 말해봐!"

나는 연아의 대답을 힌트 삼아 질문했다.

"어떤 열망이 있어 코치가 되기로 결심하셨나요?"

"좋아, 조금만 더!"

"어떤 만남이 선생님을 코치의 길로 들어서게 만들었나요?"

"좋아! '어떤 사건', '어떤 열망', '어떤 만남'이란 말은 뻔하지만, 실제로 대화할 때는 이런 뻔한 문구를 일부러 집어넣는 게 효과적이야. 뭐, 어떤 말이 가슴을 울릴지는 대화의 흐름을 보면서 생각해봐야겠지만."

우리는 열심히 메모를 하면서 이야기에 집중했다.

"게다가 대답하기도 수월하고, '사건'이나 '열망', '만남'이 없었다 해도 '그런 게 있었나?' 하고 생각을 더듬게 될 거야. 설령 없다고 해도 어떻게든 연상해서 대답하게 되지."

그러자 연아가 손을 멈추고 말했다.

"그리고 왠지 관심을 받는 느낌이 들어 상대방도 기분이 좋을 것 같아요."

알로하 신사는 고개를 끄덕였다.

"좋아, 오늘은 4차원 질문을 좀 더 실천적으로 연습해보자. 그럼 BB, 나에 대해 아는 걸 네 가지만 말해봐!"

"알로하 셔츠를 좋아합니다. 직업은 코치이고 유명인들이 주요 고객입니다. 어…… 그리고…… 볶음면을 좋아합니다."

"자네, 그런 3차원 정보만 갖고 내 은퇴에 대해 코칭을 하려고 했나!"

"죄송합니다……."

"자네들은 지난번에 세션의 주인공인 나를 잘 알지도 못하면서 세션을 시작했다가 실패했어. 만약 세션을 성공시키고 싶으면 나를 더 깊이 알아야겠지. 나를 알기 위해 한 사람당 두 개씩 4차원 질문을 한번 해봐."

우리는 바로 생각하고 차례로 질문을 던졌다.

"선생님은 몇 년도에 태어나셨나요?"

"선생님이 코치로서 가장 성장할 수 있었던 순간은 언제였나요?"

"선생님이 지금까지 들었던 말 중에 가장 듣기 좋았

던 말은 무엇이었죠?"

"선생님이 죽기 전에 가장 보고 싶은 경치는 무엇인가요?"

알로하 신사는 눈을 감고 팔짱을 끼며 고개를 끄덕였다.

"음, 꽤 좋은 질문이야. BB! 내가 언제 태어났는지 물어본 목적이 뭐야?"

"그냥 개인적인 관심입니다."

"그럼 BB, 고객을 아는 목적은 뭘까?"

"그건 고객과 신뢰 관계를 구축하고 고객을 주인공으로 하여 세션을 하기 위해서입니다……."

"그러기 위해 나이를 꼭 알 필요가 있을까?"

"아니요……."

"그럼 연아, '가장 성장할 수 있었던 순간'을 물은 의도는?"

"어…… 제가 빨리 코치로서 성장하고 싶어서 물었습니다."

알로하 신사는 부드러운 표정으로 우리를 지그시 바라보았다.

"물론 고객을 잘 알고 관계를 발전시키는 것도 중요하지만 코치는 고객과 친구가 되려는 게 아냐. 게다가 고객은 코치와 대화를 하려고 돈을 내지. 참고로 내 세션은 비싸서 1분에 8만 코루나를 내야 돼."

"1분에 8만……."

나도 모르게 침을 꿀꺽 삼켰다.

"이런 귀중한 시간에 단순히 내가 알고 싶거나 궁금한 점을 묻는 건 코치로서 실격이야. 코치는 고객을 위해 '의도적인 대화'를 하는 걸 항상 염두에 둬야 해."

그러자 연아가 손을 들었다.

"그러면 코치가 반드시 알아야 할 고객의 정보는 무엇일까요?"

알로하 신사는 시계를 흘끗 보았다.

"그걸 생각하는 게 훈련이지만, 오늘은 배가 고프니까 가르쳐주지. 코치가 꼭 알아야 할 고객 정보는 하나야. 그건 고객의 '에너지원', 일명 '코어 드라이브core drive'를 아는 거지."

나는 이것저것 묻고 싶은 마음을 누르고 일단 노트에 '코어 드라이브'라고 큼직하게 적었다.

"다음 달까지 해올 과제는 '고객의 에너지원(코어 드라이브)이란 무엇인가? 또 어떤 질문이 그 에너지원을 끌어낼 수 있는가'야. 곰곰이 생각해봐!"

알로하 신사는 자리에서 일어나 엉덩이 상태를 확인하면서 말했다.

"참고로 '가장 듣기 좋았던 말'과 '가장 보고 싶은 경치'를 물은 질문은 에너지원을 찾는 질문이라고 할 수 있어. 좋아, 오늘 훈련은 이걸로 마치자. 혹시 시간 있으면 같이 점심 먹으러 갈 텐가?"

우리는 알로하 신사의 뜻밖의 초대에 망설임 없이 응하기로 했다.

사람을 알고자 하는 관점

호텔 입구에서 우리는 알로하 신사의 롤스로이스를 타고 식당으로 출발했다. 그는 운전사 없이 직접 운전대를 잡았다. 운전이 어찌나 거칠었는지, 우리는 빨리 도착하기를 간절히 바랐다.

"BB, 자네는 여자친구 있나?"

"아니요, 없습니다……."

"여자친구가 한 명도 없는 거야? 한심한 녀석!"

"하지만 BB는 호텔에서 일하는 여성 직원들에게 인기가 아주 많아요! 그렇지, BB?"

연아의 든든한 지원에 용기를 얻은 내가 물었다.

"선생님은 결혼하셨습니까?"

"결혼은 하지 않았지만, 여자친구라면 서른여섯 명은 있어!"

따지고 싶어도 따질 수 없는 대답을 듣고 나는 더 질문하기를 포기했다.

"맞다. 연아 씨가 싱글맘인 걸 아까 처음 알았어요."

"미안. 여러 가지 사정이 있어서 호텔 동료에게도 말하지 않았어."

"그렇군요. '사람을 안다'는 게 의외로 어렵다는 사실을 오늘 훈련을 통해 깨달았어요."

"그렇지. 전에는 '사람을 알고자 하는 관점'을 가져야 한다고 생각해본 적도 없었는걸. 그래서 결혼에 실패했지만……."

연아의 자학적 태도에 당황한 나는 화제를 바꿨다.

"선생님은 하와이에 살고 계시죠? 프라하에는 왜 자주 오세요?"

"세상에서 예쁜 여자들이 제일 많은 도시잖아. 또 세계에서 제일 예쁜 도시면서 세계에서 맥주를 제일 잘 마시는 게 마음에 들어서.”

나는 쓴웃음을 지으며 대화를 계속했다.

“호텔에서 30분 정도 떨어진 호텔 기숙사를 오가는 게 일상이라 이 도시도 잘 모르는데 이렇게 다 같이 레스토랑에서 점심을 먹으러 가다니 기쁩니다.”

“나도! 시내엔 갈 시간이 없어…….”

연아가 맞장구를 쳤다.

“오늘은 프라하의 명물 ‘굴라쉬’를 먹으러 가세나. 거기 굴라쉬는 큼직한 빵 속에 붉은 포도주와 쇠고기를 푹 끓인 감칠맛 나는 수프가 들어 있어 입 안에서 살살 녹거든.”

알로하 신사의 설명만으로도 입 안에 침이 고였다.

“틈날 때마다 식당에 얼굴을 내밀긴 했는데 먹는 건 오랜만이라……. 아, 미안해서 어쩌지, BB! 오늘 잘 먹을게!”

나는 그 말을 못 들은 척하고 프라하의 아름다운 거리 풍경을 계속 바라보았다.

우리는 호텔에서 15분가량 떨어진 도시 외곽의 조용한 큰길에 차를 세운 뒤 안쪽 길로 이어지는 작은 식당에 들어갔다.

"어서 오세요! 어머, '목표 달성의 신'이잖아!"

"오랜만이야, 캔디! 잘 지냈어?"

알로하 신사는 40대 후반쯤으로 보이는 키 큰 금발 여성의 뺨에 키스를 하고 우리를 보았다.

"오늘은 내가 아끼는 제자들을 데리고 왔어. 당신의 굴라쉬를 두 사람에게도 맛보게 해주고 싶어서."

나와 연아는 그녀에게 웃으며 인사를 한 뒤 안내받은 창가 자리에 앉았다. 흰색을 베이스로 한 세련된 디자인의 식당 안쪽에서 달콤하고 고소한 냄새가 났다.

"당신이 제자를 두다니, 어떤 심경의 변화일까!"

"이런 나도 매일 성장하고 있다는 증거지."

금발의 여성은 상냥한 표정으로 미소 지으며 우리를 물끄러미 바라보았다.

"미남 미녀 두 사람께서는 어디서 왔을까?"

"저희는 호텔 샤토 프라하의 직원입니다."

그러자 알로하 신사가 옆에서 웃으며 말했다.

"캔디는 전에 그 호텔 총 주방장이었어."

"네에에!?"

우리는 우연한 만남에 놀라 할 말을 찾지 못했다.

"어머, 후배였구나. 하지만 내가 그만둔 지 20여 년이 지났으니 벌써 까마득한 옛날 일이야."

"선생님과는 어떤 사이이신지……."

"그게…… 옛날에 너희 선생님한테 차였어. 너무 안됐지?"

알로하 신사는 먹던 물을 당장이라도 뿜어낼 것 같았다.

"캔디, 내가 사랑하는 제자들은 아직 사람을 보는 눈이 부족한 미숙한 친구들이야. 쓸데없는 농담은 하지 말아줘."

"네, 네, 실례했습니다. 그럼 세 분께 저희 식당의 특제 굴라쉬를 대령하지요."

캔디는 앞치마를 메고 부엌으로 사라졌다.

"선생님, 여자친구였군요! 프라하를 좋아하는 진짜 이유!"

연아는 물을 마시면서 알로하 신사를 의미심장하게 바라보았다.

"뭐, 그녀와는 많은 일이 있었지……."

"BB! 찾았어, 선생님의 '코어 드라이브'를!"

"아니 이봐, 그렇게 쉽게 망상으로 남의 코어 드라이브를 판단해선 안 돼."

나는 두 사람의 대화를 들으며 알로하 신사가 왜 우리를 이곳에 데려왔는지 생각했다.

"그래도 이렇게 선생님이 소중한 사람의 식당에 우리를 데려오고 소개까지 해줬으니, 이것저것 알아내서 코칭에 참고하죠."

연아가 내 어깨에 손을 얹고 말했다.

"BB는 가끔씩 아주 어른스러운 말을 하더라."

알로하 신사는 우리의 대화를 미소 지으며 바라보았다.

"자, 오래 기다리셨습니다."

우리 앞에 고소한 냄새가 나는 크고 둥근 빵 안에 스튜가 들어간 요리가 각각 한 접시씩 놓였다.

"와! 이렇게 큰 빵 안에 재료가 듬뿍 들어간 굴라쉬는 처음 봤어요."

연아는 몹시 기뻐하며 휴대전화를 꺼내 사진을 찍기 시작했다. 나는 그런 연아를 놔두고 얼른 숟가락을 들어 맛보기로 했다.

우리 셋은 한동안 말을 잊고 정신없이 먹기만 했다.

"선생님이 말한 대로 정말 입 안에서 살살 녹네요. 프라하에 와서 먹은 음식 중에 제일 맛있었습니다. 왠지 마음까지 따뜻해지는 것 같아요."

굴라쉬를 먹는 동안 어머니가 옛날에 자주 해주던 야채수프가 생각났다. 이상하게 눈물이 났다. 내 표정을 봤는지 말없이 먹고 있는 알로하 신사의 눈에도 눈물이 맺힌 것 같았다.

캔디가 부엌에서 그런 그를 이상하다는 눈빛으로 바라보았다.

'지금 여기'의 내가 아닌
또 다른 내가 있다면 무엇을 할 것인가?

우리는 그릇 역할을 하는 빵까지 모두 먹어치우고 맛있는 음식을 먹은 후의 여운에 젖어 있었다. 이어서 캔디가 디저트와 커피를 가져다주었다.

"그릇으로 만든 빵까지 남김없이 먹어줘서 고마워. 자, 이건 내가 자랑하는 허니케이크야."

케이크가 나오자 연아는 다시 환한 표정을 지으며 몸을 내밀어 케이크 사진을 찍었다.

나는 큰맘 먹고 캔디에게 아까 배운 '4차원 질문'을 해보기로 했다.

"저…… 무슨 일이 있어 그 명예로운 총 주방장 자리를 그만두고 이 가게를 열게 되신 건가요?"

그러자 캔디가 알로하 신사 옆자리에 앉았다.

"당시에는 책임이 무거운 힘든 일과 가정을 양립할 수가 없었어. 그때 저 양반에게 고민을 털어놨더니 이상한 질문을 하시더라고. 그 결과가 이거야."

"예? 뭐였습니까? 그 이상한 질문이?"

알로하 신사가 케이크를 입 안에 넣고 끼어들었다.

"마침 잘됐군! 그 이상한 질문이 바로 내가 다음에 가르치려고 했던 '5차원 질문'이야. 어떤 질문인지 생각해봐."

연아는 행복한 얼굴로 허니케이크를 먹으며 캔디를 보고 말했다.

"여자가 호텔의 총 주방장 자리에 앉기까지 상상할 수 없을 정도로 힘들었을 거예요. 그 지위와 경력을 버리는 결단을 내리게 한 '이상한 질문'이라면……."

나는 가방에서 노트를 꺼내면서 알로하 신사에게 물었다.

"힌트로 '5차원'에 대한 의미를 조금만 알려주시면

안 될까요?"

"5차원이란 '같은 공간에 다른 공간이 존재한다는 의미'야. 좀 더 알기 쉽게 설명하면 우리가 인식하고 있는 '현실 세계'와 별개로 다른 '현실 세계'도 다수 존재한다는 뜻이지."

나는 그런 내용의 영화를 떠올리며 5차원의 정의를 메모했다. 갑자기 연아가 뭔가 생각난 듯 크게 외쳤다.

"알았다! '가정'하는 거군요? '만약에 주방장을 그만두면 뭘 하고 싶어?' 같은?"

"아깝군. 가정하는 질문은 '5차원 시점'이 될 수는 있어. 하지만 그런 식으로 질문하면 지금의 현실 세계 속에서 '가정한 이야기'에 불과해."

그러자 캔디가 나지막이 속삭였다.

"그러고 보니…… 비슷한 질문이었지만 방금처럼 물었다면 그만두겠다고 결심하지 않았을 거야."

연아는 커피를 한 모금 마시고 고개를 끄덕였다.

"그렇죠. 죽을힘을 다해 경력을 쌓았는데 '만약에 그만둔다면' 같은 가벼운 말은 듣고 싶지도, 생각하고 싶지도 않을 테니까요."

"그러면 지금까지의 커리어를 고집하는 현실이 아니라 또 하나의 현실을 만들어 질문을 하면 된다는 건가요……."

나의 추론에 알로하 신사가 미소 지었다.

"오, BB, 오늘은 자네도 예리하군. 그럼 어떻게 질문하면 될까?"

"'만약에 지금 또 하나의 내가 이 세상에 살고 있다면 어떤 일을 하고 싶은가?'라는 질문일까요?"

캔디의 박수 소리가 식당 안에 울려 퍼졌다.

"그래, 맞아. 그런 이상한 질문이었어! 하지만 그때 그 질문을 받고 머릿속에 딱 떠오른 일이라고 할까, 하고 싶은 일이 바로 이 식당을 차리는 거였지."

연아는 고개를 끄덕였다.

"아, '동시에 또 하나의 내가 있다면'이란 질문을 받으면, 경력에 집착하는 나를 부정하는 대신 옆으로 살짝 치워놓고 냉정하게 생각할 수 있다는 말이군요."

알로하 신사는 커피를 마시고 조용히 이야기를 시작했다.

"'5차원 질문'은 단순히 또 다른 고객이 있다고 가

정해 질문하면 되는 게 아니야. 당시 캔디의 상황과 그 질문 타이밍이 잘 맞아야지. 5차원 질문은 '지금의 현실이 전부라고 믿지 않게 하려는 질문'이야. 어차피 현실이란 그 사람에게 유리한 쪽으로 단정하거나 믿는 것에 지나지 않으니까. 당시에 캔디는 목표했던 총 주방장 자리에 막 올라간 참이었어. 당연히 총 주방장이었던 자신이 현실이고 전부였지. 그녀는 주방장으로서 자기 일을 훌륭하게 해냈지만, 가정과 건강에 큰 문제가 있었고 무엇보다 그녀 자신이 요리사로서 가장 중요시했던 것, 즉 '코어 드라이브'를 잊고 있었어. 나는 그 상황을 알고 아까와 같은 질문을 했던 거야. 그리고 몇 달 후 그녀는 총 주방장을 그만두기로 하고 이 식당을 열었지."

캔디는 알로하 신사의 말에 천천히 고개를 끄덕이며 당시를 회상했다.

"마지막으로 질문은 어떤 말이나 글보다 타이밍이 중요하다는 것도 기억하도록 해. 그리고 타이밍을 잡기 위해서는 고객의 상태를 잘 알아야 하지. 그 상태를 알기 위해서는 코치가 고객을 깊이 알아야겠다는 시각을 반드시 갖고 있어야 해.”

연아가 캔디를 보며 말했다.

“캔디 씨가 요리사로서 ‘가장 중요시했던 것’은 무엇이었나요?”

그 질문에 오히려 캔디가 알로하 신사를 보고 “뭐였지?” 하고 물었다.

“아니, 그 중요한 걸 잊은 거야? 넌 그걸 다시 찾으려고 이 식당을 열었고, 다시 찾은 덕분에 이렇게 마음이 따뜻해지는 세계 최고의 굴라쉬를 만들 수 있게 된 거잖아.”

“그렇지만 그 질문을 받고 대답한 기억이 없는걸.”

캔디의 말에 알로하 신사가 소리 내어 웃었다.

“코치는 질문만으로 고객의 중요한 정보를 아는 건 아니니까.”

“뭐야, 가르쳐줘!”

“100만 코루나.”

“뭐? 옛날부터 느낀 건데 당신 세션은 너무 비싸!”

연아와 나는 두 사람의 대화를 흐뭇하게 바라보며 허니케이크를 먹었다.

"그럼 선생님, 저랑 BB는 시내 카페에 가서 공부 좀 하다가 호텔로 돌아가겠습니다."

"뭐야, 차로 데려다줄게."

"아뇨, 괜찮습니다. 선생님이 운전하는 차에 탔다가 죽고 싶지 않고, 모처럼 다시 만나셨는데 두 분이서 오붓한 시간을 보내셔야죠."

"음. 그럼, 다음 달에 봐! BB, 방도 예약 부탁해. 숙제는 아까 말한 대로 '코어 드라이브'에 대해 생각해보고, 이어서 4차원과 5차원 질문을 토대로 내 '최고의 은퇴'를 코칭할 것. 잘 부탁해."

"알겠습니다!"

"아, 그리고 최고의 코치가 되는 것을 주제로 서로를 코칭을 한 뒤, 서로의 코어 드라이브를 찾아서 나에게 보고하도록."

"아, 알겠습니다!"

나는 연아의 얼굴을 흘깃 보고 숙제 내용을 메모했다. 우리는 캔디와 힘껏 포옹하고 식당에서 관광객으로 붐비는 번화가까지 걷기로 했다.

현실은 자기가 믿고
단정한 세계일 뿐이다

"두 사람은 어떤 관계일까. 아주 잘 어울렸는데."

"뭐, 그건 그렇다 치고 선생님은 알지만 캔디 씨는 몰랐던, 요리사로서 '가장 중요하다고 생각한 것'은 뭐였을까요. 그게 캔디 씨의 코어 드라이브겠죠?"

"그렇겠지. 자기도 몰랐던 가장 중요하게 생각한 것을 자기가 아닌 다른 사람이 알고 20년 동안 지켜봐주었다니. 왠지 너무 낭만적이야."

"네, 코치는 정말로 멋있어요. 나도 저런 코치가 되고 싶다⋯⋯."

"BB라면 꼭 될 거야."

"고마워요, 연아 씨. 오늘 세션에서 정말 많은 걸 배웠어요. 진짜 멋있던데요."

연아는 우리가 만난 2년 전부터 언제나 나를 친누나처럼 보살펴주었다. 그런 그녀의 말은 불안과 희망이 끊임없이 싸우는 내 마음을 부드럽게 안아주었다.

우리는 중심가에서 한 블록 떨어진 오픈 카페에 들어가 자리에 앉자마자 노트를 꺼냈다. 먼저 4차원 질문을 복습하고 나서 5차원 질문에 대해 다시 생각해보기로 했다.

"5차원 질문이란 '지금의 나와는 다른 현실을 사는 나를 가정하고 생각해보게 하는 질문'이었지."

"네, 간단해 보이지만 질문하는 타이밍이 중요한데, 그 타이밍을 잡기가 어려울 것 같아요."

"일단 '현실'의 정의부터 깊게 파볼까?"

"선생님은 현실이 자기가 '믿는 것', '단정한 것'에 지나지 않는다고 했는데, 그렇게 생각하면 '이게 현실이야'란 말도 자기가 사는 작은 세계에서 자신이 정해놓은 결과일 뿐이에요."

"그래. 사전에는 '실제로 일어난 일'이라고 쓰여 있겠지만 선생님이 말하는 현실의 정의는 '자신이 정한 세계'란 얘기지."

연아는 두 손으로 찻잔을 들고 먼 곳을 바라보며 이어서 말했다.

"난 평생 한 달에 6만 코루나를 받고 호텔에서 일하면서 아이를 키우는 삶이 내 현실이라고 생각했어. 그런데 선생님을 만나고 나서는 그게 현실이라는 생각을 안 하게 됐고……. 지금 나는 더 가슴 설레는 현실을 살고 있어."

"저도 그래요. 살기 위해 지금까지 열심히 일했고, 그 정도 인생이 내 현실이라고 생각했어요. 그런데 현실은 단 한 번의 만남이나 사건으로 확연히 달라질 수 있구나……. 지금도 아침에 일어날 때마다 알로하 신사와의 만남이 꿈이 아닐까 하는 생각을 하곤 해요."

연아가 웃으며 말했다.

"그렇게 생각하면 알로하 신사는 존재 자체가 코치고, 존재만으로 우리를 코칭해주고 있는 건지도 모르겠다."

"네. 우리는 아직 선생님을 코치로서도 잘 모르고, 선생님이 얼마나 대단한지도 전혀 모르는 것 같다는 생각이 들어요."

연아는 능숙하게 머리를 묶으며 말했다.

"좋아, 선생님이 캔디 씨에게 했던 '5차원 질문'이 왜 효과적으로 작용했는지 다시 한 번 생각해보고 다음 달 세션 전략을 짜보자."

우리는 기분 좋은 햇살이 부드럽게 비추는 테이블 위에 노트를 펼치고 오늘의 대화를 떠올리며 세션을 정리했다.

상대방의 코어 드라이브를 찾는 법

"캔디 씨가 코어 드라이브를 잊고 있어서 선생님이 그 질문을 했다고 했잖아요. 우리도 적절한 순간에 '5차원 질문'을 하기 위해서는 먼저 '4차원 질문'으로 선생님의 코어 드라이브를 찾아야 해요."

"선생님의 코어 드라이브라……. 아니 그건 그렇고 '에너지원'이란 뭘까?"

"캔디 씨가 요리사로서 잊어서는 안 되는 거라고 선생님이 말했잖아요."

우리는 잠시 서로의 노트를 다시 보며 생각했다.

"그럼 이렇게 하자! 우리도 코치와 클라이언트로 나눠 에너지원인 코어 드라이브를 서로 끌어내서 에너지원에 대해 더 깊이 이해해보기로."

"좋아요, 그럼 레이디퍼스트로 연아 씨부터 시작하시죠!"

연아는 장난스럽게 입을 삐죽 내밀고 나를 노려보더니 허리를 펴고 곧바로 세션을 시작했다.

"BB, 그렇게 객실 관리를 공들여서 열심히 하는 이유가 뭐야? 봐, 파티 홀 직원으로 급하게 차출되었을 때도 참석자 이름을 전부 기억하고 있었잖아? 정말이지 일에 대한 에너지가 대단하다고 생각해."

"저는 단지 이런 불경기에 여기서 잘리면 더는 일할 데도 없고, 돌아갈 곳도 없고 먹고살기가 막막해서 열심히 일한 것뿐이에요……. 뭐, 굳이 말하자면, 정직원이 되면 좋겠다고 생각했어요."

"그래? 호텔 직원 중에는 그런 동기를 가진 사람이 많아. 하지만 BB만큼 정성을 다해 일하는 사람은 없어. 실제로 지명을 받는 객실 관리사도 BB밖에 없고."

연아는 손가락으로 펜으로 돌리며 계속해서 나에게

질문을 던졌다.

"지금까지 살면서 가장 듣기 좋았던 말은 뭐였어?"

나는 홍차를 마시며 곰곰이 생각했다.

"기뻤던 말이라……. 맞다, 지금도 잊지 못하는 일이 있어요. 저는 어머니가 어릴 때 돌아가셔서 줄곧 아버지와 단둘이 살았는데요, 아버지도 병에 걸려서 마지막 2년간은 집에서 누워만 계셨어요……."

그때의 기분을 떠올리며 나는 이야기를 계속했다.

"그런 아버지가 마지막에 한 번도 본 적 없는 미소로 '넌 네 엄마를 닮아 착한 아이야. 항상 웃는 얼굴로 돌봐줘서 고맙다'라고 말해주셨어요."

연아는 고개만 끄덕일 뿐 아무 말도 하지 않았다.

"당시에는 솔직히 매일 일하랴 간병하랴 너무 힘들어서 도망치고 싶은 날도 있었어요. 하지만 아버지가 떠나시고 나자 스스로도 놀랄 만큼 무기력해져서…… 정신을 차려보니 늘 아버지 방 청소만 하고 있더라고요."

나는 웬일인지 말이 멈추지 않았다.

"그래서 객실 관리사가 됐다는 얘기는 아니에요. 하

지만 왜 그때 방 청소만 했을까 생각해보니, 어머니가 돌아가신 뒤로 저는 아버지를 웃게 해드리려고 무진장 애썼어요. 그런데 그런 아버지도 천국에 가버렸죠. 그렇게 생각하면 나는 소중한 사람의 웃는 얼굴을 보고 싶고, 그러기 위해 일하는 시간에 내 자신의 존재 가치를 강하게 느낄 수 있을 때 에너지가 나오는지도 모르겠어요."

연아는 고개를 끄덕이며 차를 한 모금 마셨다.

"기억하는지 모르겠는데, BB가 견습 직원이었을 때 호텔 로비에서 술에 잔뜩 취해 고래고래 소리를 지르던 사람이 있었어. 다들 피하는데 BB가 앞장서서 달려온 거야. 그때 네가 어떻게 했는지 지금도 생생하게 기억나. 표정도, 했던 말도 전부. 그 주정뱅이가 호텔 밖에서 BB를 껴안았을 때 순간적으로 보여준 안도의 표정이 눈에 선해. 그때 BB는 다른 사람의 깊은 슬픔과 분노를 이해할 수 있는 사람이라고 생각했어."

나는 조금 쑥스러워하면서 단숨에 홍차를 마셨다.

"에너지원인지 아닌지는 모르겠지만 BB는 다른 사람의 슬픈 얼굴이나 외로운 얼굴을 보는 걸 유난히 싫

140

어하는 것 같아. 그걸 어떻게든 해결하려는 마음이 BB의 코어 드라이브가 아닐까."

연아의 말을 듣는 순간, 나는 한 번도 느껴보지 못한 충격을 받았다. 뭐라고 해야 할까, 연아가 내 안으로 쑥 들어왔다고 해야 할까, 어쨌든 마음이 부드럽게 딱 맞닿아 하나가 되는 듯한 감각이었다.

"연아 씨는 정말 대단해요……. 오늘 선생님과의 세션도 그랬지만 자연스러운 대화 속에서 사람 속으로 쑥 들어가 소중한 것을 끄집어내거든요."

"그렇다면 어때? 그게 BB가 '최고의 코치가 되기 위한 에너지원'이라고 봐도 될까?"

나는 연아의 눈을 똑바로 쳐다보고 말했다.

"선생님이 말한 코어 드라이브는 아니더라도, 나는 지금 코치가 되고 싶은 이유가 단순히 알로하 신사를 동경해서만은 아니라는 걸 알았어요. 왜 그 파티에서 제가 해야 할 일도 잊고 코칭에 강렬하게 관심이 생겼는지 알 것 같아요. 나는 코치가 하는 일, 어떤 사람을 누구보다 응원하고 웃게 할 수 있는 일이라고 할까, 그걸 프로페셔널하게 할 수 있다는 것에 마음이 두근거

렸던 거예요."

말을 하면서도 흥분하고 있다는 걸 나 자신도 알 수
있었다.

"연아 씨가 '아이를 한정된 시간만이라도 누구보다
도 응원할 수 있는 존재가 되고 싶다'고 말했듯이, 나도
코치가 되면 '그때 아버지를 좀 더 힘 나게 해줄 수 있
지 않았을까?'라든가 '그때 고객의 마음을 든든히 받쳐
주는 버팀목이 되어줄 수 있지 않았을까'라는 생각이
저절로 떠올랐어요."

연아는 아주 편안한 표정이었다.

"그렇구나. 아마 그런 의문을 무의식적으로 품고 있
어서, 코치란 존재를 알고 깜짝 놀랐던 거야."

나는 힘차게 고개를 끄덕였다.

"게다가 무엇보다도, 아까 연아 씨와 제가 하나가 됐
다는 느낌을 받았어요."

"어 뭐야, BB! 응큼해!"

"아니, 그게 아니라 선생님이 말한 '고객을 주인공으
로 하여 참여한다는 감각'에 빠졌더니 고객의 입장에
서 조금 이해가 되는 것 같다는 말이에요."

"뭐야, 그걸 혼자만 이해하다니, 교대해줘! ……아, 이제 호텔로 돌아가야겠네."

그날 우리는 목표를 향해 나아가기 위해 가장 잊지 말아야 할 '코어 드라이브란 무엇인가?'란 질문을 공유하고 각자 일터로 돌아갔다.

연아의 코칭 덕분에 내 마음은 한결 가벼워졌다. 그리고 내 안에서 뭔가 뜨거운 것이 느껴지기 시작했다.

▶ 프로 코치란 100퍼센트로 상대방을 위한 대화를 자연 스럽게 할 수 있는 사람이다. 상대방에게 잘 보이고 싶은 마음에 자신을 위한 대화를 해서는 안 된다.

▶ 프로 코치에게 필요한 가장 중요한 능력은 '이야기를 끌 어내는 힘'이다. 인간에게는 대조하여 생각하기 쉬운 이 야기를 들으면 자연스럽게 자신에게 '효과적인 질문'을 떠올리는 습성이 있다.

▶ 4차원 질문이란 눈에 보이는 정보에 '시간 축'을 더해 보 다 깊고 가치 있는 정보를 얻게 해주는 질문이다.

▶ 5차원 질문이란 '또 하나의 현실'을 만들어내서 상대방 이 '믿는 것'이 아닌 더 객관적으로 가치 있는 정보를 얻 게 해주는 질문을 말한다(질문을 하는 타이밍이 중요!).

▶ 코어 드라이브란 고객이 목표를 이루기 위한 에너지원 으로, 코치가 고객에게서 반드시 알아야 하는 것이다.

| 4장 |

상대방을
움직이게 하는
힘 발견하기

알로하 신사의 과거

한 달 후, 우리는 다시 알로하 신사가 묵는 방문을 노크했다.

"왔구나, 들어와."

우리는 한순간 알로하 신사의 모습에 당황해 그 자리에 멈춰 섰다. 그는 기모노를 입고 길게 기른 흰머리를 하나로 묶은 채였다.

"선생님, 오늘은 하와이가 아니라 일본입니까?"

알로하 신사는 기지개를 켜고 부엌으로 걸어가면서 말했다.

"일본에서 돌아오는 길이야. 오늘은 일본 차를 끓여 줄게."

그러자 연아가 놀리듯 말했다.

"평소의 팬티 한 장 차림보다 제대로 차려입고 있는 모습에 놀라는 저한테 더 놀랐어요."

우리는 그 분위기에 휩쓸리지 않으려고 크게 심호흡을 하고 의자에 앉아 그가 오기를 기다렸다.

"자, 마셔봐, 일본에서 갓 딴 고급 찻잎으로 끓인 녹차는 마시는 예술 작품이니까."

"일본에는 일로 가신 겁니까?"

"아, 화성에 인류를 데려가려고 분투 중인 괴물 기업가와 만나 마지막 세션을 하느라고. 그 친구와 이야기하고 있으면 내가 사는 현실 세계가 좁다는 걸 통감해. 일본에는 원래부터 관심이 있기도 해서 앞으로 자주가게 될 것 같아."

나는 차를 천천히 마시며 너무 스케일이 큰 이야기에 평정심을 잃지 않고자 정신을 가다듬었다.

"그럼 오늘 전반에는 4차원과 5차원 질문을 위주로 세션을 이어가도록 하지."

연아가 옷깃을 여미고 곧바로 세션을 시작했다.

"그럼, 오늘도 먼저 페그다 씨에 대해 좀 더 알기 위해 지난번에 했던 이야기를 계속해보겠습니다."

알로하 신사는 일본 차를 마시며 고개를 끄덕였다.

"페그다 씨는 지난 몇 년간 '코치가 됐을 때의 순수한 마음'을 잊었을지도 모른다, 그리고 자신은 지금까지 사람들을 '응원하는' 일을 쭉 해왔다고 말했습니다."

그는 고개를 끄덕였다.

"'순수한 생각'을 잊지 않았을 때와 잊었는지도 모를 지금, 사람들을 여전히 전심전력으로 응원하겠지만 페그다 씨의 마음속에서는 어떤 차이가 있다고 생각합니까?"

알로하 신사는 웬일로 한동안 눈을 감고 생각에 잠겼다.

"생각해보면 고객을 누구보다 '응원한다'는 마음과 열의에는 변함이 없어. 지금도 난 세상을 바꿀 수 있는 영향력을 가진 사람을 고객으로 받아 세상을 더 나은 곳으로 만드는 데 기여하고 있다고 생각해. 하지만 어딘가에서 '위화감'을 느끼기 시작했어…….

"그 위화감이라는 게 파티에서 이야기했던 세계가 나아지고 있지 않다는 위기감과 관련이 있나요?"

"아니, 그건 그 자리에 있는 사람들에게 자극을 주려고 한 말일 뿐이야. 위화감은 거기에 있는 것 같지 않아."

나는 알로하 신사가 무슨 생각을 하는지 점점 더 알수가 없었다.

그러나 연아는 전혀 동요하지 않고 세션을 계속했다.

"혹시 괜찮으시다면 지장 없는 범위 내에서라도, 처음에 누굴 응원하고 싶어 코치가 되려고 했는지 말씀해주실 수 있을까요?"

"……사랑했던 여자야. 서른 살 때 같은 직장에 다니던 여자. 첫눈에 반해 그 여자를 응원하고 싶어서 진짜 열심히 코칭을 배웠지."

알로하 신사는 지금까지와는 달리 마음을 열고 이야기하는 것 같았다.

"하지만 그녀는 이미 결혼한 몸이었어. 그래도 난 그녀를 사랑했고 적어도 누구보다 그녀를 응원하고 싶어서 코칭을 배웠어. 나를 바라봐줬으면 하는 마음에 '세계 최고의 코치'가 되려 했고."

연아는 잠시 다정한 눈빛으로 알로하 신사를 바라보았다.

"그게 페그다 씨가 말한 '순수한 마음'이군요?"

그는 조용히 고개를 끄덕이고 테이블 위에 있는 화과자를 집어 들었다.

그 순간 나는 알로하 신사 안으로 들어간 느낌을 받았다. 연아도 같은 느낌을 받았을 게 틀림없었다.

세상에서 가장 깊은 사랑을
시험하는 일

"좋아, 세션은 일단 여기서 끝내지."

연아는 안도했는지 크게 심호흡을 하고 차를 마셨다. 나도 고개를 돌려 가방에서 노트와 펜을 꺼냈다.

"자네들이 지금 받은 그 느낌을 기억하도록. 두 사람은 겨우 고객인 나의 일부가 됐어. 바꿔 말하면 '코치로서 고객이 목표를 향해 갈 수 있도록 코칭할 수 있는 상태'가 됐다는 뜻이지."

연아도 노트를 꺼내며 말했다.

"이 느낌, BB의 코어 드라이브를 꺼냈을 때도 약간

느꼈는데 진짜 성취감이 있네."

알로하 신사가 소리 내어 웃었다.

"그 쾌감이야말로 코치란 직업의 묘미이기도 해. BB, 지금 무슨 일이 일어났는지 설명해봐."

나는 잠시 머리를 정리하고 입을 열었다.

"지금 우리는 고객인 선생님을 코칭하기 위해 알아야 할 정보인 코어 드라이브를 발견했다고 생각합니다."

알로하 신사가 내게 물었다.

"내 코어 드라이브가 뭔데?"

"음, 선생님이 코치로 일할 수 있는 에너지원이 아닐까……."

"맞아. 그럼 둘 다 내가 코치로 일할 수 있는 에너지원이 무엇이었는지 일단 노트에 적어봐."

나와 연아는 곧바로 노트에 적기 시작했다. 곧이어 연아가 질문을 했다.

"선생님, 그럼 코어 드라이브가 뭔지 먼저 물어봐도 될까요?"

"음…… 그러면 두 사람이 끌어낸 코어 드라이브가

뭐였는지 먼저 말해볼까?"

우리는 각자 따로 준비해둔 세션용 노트를 꺼냈다.

"우선 연아부터 BB의 에너지원을 끌어낸 경위를 바탕으로 발표해봐."

연아는 노트를 보면서 나와의 세션 경위를 짧게 설명한 뒤 이렇게 말했다.

"BB의 코어 드라이브는 '사람들의 슬픈 얼굴을 보는 걸 누구보다 싫어하며 그걸 어떻게든 해결해주고 싶다는 강한 바람'이라고 판단했습니다."

알로하 신사는 여느 때와 달리 날카로운 눈으로 나를 바라보았다.

"그렇군. 그럼 BB, 코치가 되려고 하는 연아의 코어 드라이브는 뭐였나?"

"그게 좀 자신은 없는데, 한마디로 말하면 '아이의 존재'가 아닐까……."

알로하 신사는 연아를 쳐다보았다.

"연아, 만약 자네가 아이를 낳지 않은 상태에서 지금처럼 나를 만났다면 코치가 되려고 했을까?"

연아는 알로하 신사의 '5차원 질문'을 받고 잠시 천

장을 바라본 뒤 입을 열었다.

"네! 좀 더 마음의 여유를 갖고 목표로 했을 것 같아요. 하지만 한정된 시간만이라도 후회 없이 누구보다 아이를 응원할 수 있는 존재가 되고 싶다는 마음이 결정적 계기가 된 것도 사실이에요."

"그렇다면 그건 동기라고 봐야겠지. 코치가 되기 위한 코어 드라이브가 아니라."

알로하 신사는 우리의 눈을 똑바로 쳐다보았다.

"코치가 알아야 하는 고객의 코어 드라이브는 '목표를 향해 가장 강력하게 움직이게 하는 신념'이야."

나는 정확히 이해하지 못한 상태에서 일단 그의 말을 받아 적었다.

"신념이란 '경험으로 얻은 강한 믿음'이라고 할 수도 있어."

연아는 생각에 잠긴 목소리로 말했다.

"어쩐지 그런 정의라고 생각하고 있어서 저도 '아이의 존재'란 대답에는 위화감을 느꼈어요."

"그럼 연아, 자네가 친절의 정의를 뭐라고 했는지 기억해?"

"네, '상대를 믿고 배려하지만 때로는 엄격하게 지켜 봐주는 것'입니다."

"그렇지, 그 해답은 누가 모델이 돼서 나왔다고 생각 해?"

"바로 아버지입니다. 아버지가 저를 그렇게 대해주 셨어요."

"그럼, 자네도 그런 부모가 되고 싶어?"

"아버지가 너무 엄격해서 싫어했던 시기도 있었지만 지금은 아이에게 그때의 아버지와 똑같이 대하고 있는 것 같아요……."

"그럼 연아, 자네는 호텔 매니저로서 후배 육성은 어 떻게 해야 한다고 생각하나?"

연아는 시간을 두고 대답했다.

"……같습니다. 선발하는 과정을 거치긴 하지만, 어 쨌든 부하 직원의 가능성을 믿되 엄격함을 잊지 않고 지켜보려고 합니다."

나도 옆에서 끼어들었다.

"정말로 연아 씨는 직장에서 엄하기로 유명하지만 선생님을 만난 파티 때처럼 책임질 일이 생기면 반드시 지켜주는 든든한 매니저입니다."

"음, 어때, BB? 그럼 연아의 코어 드라이브는 뭐라고 생각해?"

"'상대를 끝까지 믿고 엄격하게 지켜본다'는 자세가 신념이라 할 수 있으니, 그게 에너지원이겠네요."

"50점. 코치가 되기 위한 연아의 코어 드라이브는 '소중한 사람을 끝까지 믿고 엄격하게 지켜보는 것이 친절이자 사랑'이라는 신념일 거야."

연아는 몇 번이고 고개를 끄덕이며 한동안 뭔가를 느끼는 듯했다.

"그러고 보니 파티가 있던 날 밤, BB가 돌아간 뒤 제가 선생님에게 코치가 뭐하는 일이냐고 물었을 때, '세상에서 가장 깊은 사랑을 시험하는 직업이다'란 말을 듣고 제일 먼저 아버지 얼굴이 떠올랐어요. 그리고 정신을 차려보니 코치가 되게 해달라고 부탁하고 있었습니다."

"어때, 연아. 이제 내가 네 안에 들어온 느낌이 들어?"

"네, 고객의 입장에서 느낀 건 처음이지만 잘 알 것

같아요."

연아는 자신의 코어 드라이브에 대해 열심히 적었
다. 나도 질세라 선생님의 질문부터 빠짐없이 메모했
다. 내가 한 달을 노력해도 꺼내지 못했던 연아의 코어
드라이브가 알로하 신사의 질문 몇 번으로 2~3분 만에
나왔다. 나는 알로하 신사에게 질문을 하기 전, 나와 그
사이의 질문 시점에 어떤 차이가 있었는지를 노트를
보면서 잠시 생각해보기로 했다.

"선생님, 그렇다면 '다른 사람의 슬픈 얼굴을 보는
게 누구보다 싫고, 그걸 어떻게든 해결하고 싶다는 BB
의 강한 바람'은 코어 드라이브라고 할 수 있을까요?"

연아의 질문에 알로하 신사는 잠시 생각하더니 대답
했다.

"연아가 자기 안에 들어왔다는 느낌을 BB가 받았다
면 그게 코어 드라이브라고 할 수 있겠지. 좋은 세션이
야."

그러고선 알로하 신사는 노트와 눈싸움을 하는 내
게 물었다.

"BB, 나는 어떻게 연아의 에너지원을 그렇게 쉽게

끌어낼 수 있었을까?"

"……잘 모르겠습니다. 하지만 '친절의 정의'를 기억하고 거기에서 코어 드라이브를 끌어내다니 정말 놀랐어요."

"후후, 여전히 내가 더 연아에게 관심이 많은 것 같군!"

"아…….'

나는 '사람을 아는 것', '사람에게 관심을 갖는 것'의 심오함을 목격하고 흥분했으나 그 한마디를 듣고 왠지 매우 분한 마음이 들었다.

"그럼 코어 드라이브의 정의를 알게 됐으니 각자 노트에 내 코어 드라이브가 뭔지 적고 발표해봐."

나는 망설이지 않았다. 방금 전 연아의 세션을 옆에서 듣다가 알로하 신사의 신념이 머릿속에 떠오른 순간 그의 마음속으로 들어간 것 같은 느낌을 받았기 때문이다.

"먼저 BB! 명예를 회복할 기회를 주지!"

"네, 코치로 일하는 선생님의 코어 드라이브는 '응원하는 건 곧 사랑하는 것'이란 신념입니다."

알로하 신사는 말없이 연아를 바라보았다.

"네, 저도 같은 의미로 '코칭은 사랑하는 것'이라고 썼습니다."

알로하 신사는 우리 두 사람의 대답을 듣고 큰 소리로 말했다.

"자, 드디어 목표를 향해 모험을 떠나볼까!"

나와 연아는 평소와 다른 그의 후련한 표정을 보고 둘이서 힘껏 하이파이브를 했다.

물고기를 주지도 말고
낚시를 가르쳐주지도 마라

코치로서 고객을 알기 위해 필요한 코어 드라이브를 알고 그제야 하나가 된 우리는 한 달 동안 고심해서 짠 세션 플랜을 통해 알로하 신사에게 5차원 질문을 던질 준비가 되어 있었다.

하지만 늘 그렇듯이 훈련은 우리가 생각한 대로 흘러가지 않았다.

"오늘은 세션보다 더 중요한 걸 알려줄 거야."

우리는 세션용 노트에서 트레이닝용 노트로 바꾸고 알로하 신사의 이야기에 집중했다.

"우선 에너지원이 되는 신념에는 좋고 나쁨도, 정답도 오답도 없어. 신념이 되는 강한 바람은 본인의 양보할 수 없는 가치관이자 그 사람다움을 보여주는 특성이기도 하니까 말이야."

알로하 신사는 차를 단숨에 들이키고 이야기를 계속했다.

"다만 '코치의 적성'을 이야기할 때도 설명했지만 코치에게는 어느 정도 깊이 정의된 '친절함'이 필요해. 오늘은 코치에게 필요한 친절함에 대해 더 좀 더 자세히 설명해보려고 해."

우리는 정신을 똑바로 차리고 알로하 신사의 말에 귀를 기울였다.

"자, 자네들이 산책을 하는데 굶주린 부랑자가 구걸을 한다고 치자. BB라면 어떻게 할 거야?"

"출퇴근길에 가끔씩 보는데, 잔돈이 있으면 줍니다."

"연아는?"

"구걸하는 사람은 언제나 무시합니다. 주다 보면 한이 없어서……."

"이런 말을 들어봤을 거야. 배고픈 사람에게 물고기

를 주는 것보다 물고기를 잡는 법을 가르쳐주는 게 상대방을 위한 친절이라고."

"네. 코칭 공부를 하려고 읽은 비즈니스 책에서 자주 봤어요."

"그 이야기를 듣고 BB는 어떤 생각이 들었지?"

"음, 맞는 말이라고 생각했어요. 선생님께 '고객이 스스로의 힘으로 움직일 수 있게 하는 것이 코칭의 최종 목적이다'라고 배우고 나서는 저도 낚시하는 법을 가르쳐주는 '누구도 할 수 없는 친절함'을 가진 사람이 되고 싶다고 생각했거든요."

"그럼, 연아는 어때?"

"저의 코어 드라이브인 신념과 일치하는 이 생각에 적극 찬성합니다. 어른이 되고 나서야 아버지가 저에게 엄격했던 이유가 물고기를 주지 않고 스스로 물고기를 낚을 수 있는 힘을 기르게 하기 위함이었다는 것을 알았어요."

그러자 알로하 신사가 천천히 우리를 바라보았다.

"그런데 물고기를 주는 친절함과 물고기 잡는 법을 가르쳐주는 친절함, 그 수준으로는 코치가 될 수 없어."

알로하 신사의 한마디에 우리는 눈이 휘둥그레졌다. 그런 말이 나올 거라고는 전혀 예상하지 못했기 때문이다.

"배고픈 사람에게 물고기 잡는 법을 가르쳐주는 것보다 '깊은 친절을 이해하고 행동할 수 있어야' 프로 코치가 될 자격이 있어."

"그러니까 물고기도 주지 않고 낚시도 가르쳐주지 않는다는 건가요?"

"뭐, 그런 셈이지."

"아니 그런…… 그게 어딜 봐서 '세상에서 가장 깊은 사랑을 시험하는 직업'이에요?"

가치관을 지키려는 본능 때문인지 나도 모르게 언성이 높아졌다. 알로하 신사의 표정에는 아무런 변화가 없었다.

"코칭은 고객의 뭘 바꿔서 목표 달성을 돕는 기술이지?"

연아가 재빨리 대답했다.

"목표를 향한 최선의 행동입니다."

"그럼 자네는 아직도 '고객의 행동'을 바꾸려고 세션

을 하고 있다는 건가?"

연아는 손으로 이마를 짚고 고개를 숙였다.

"'행동을 결정하고 행동을 바꾸는 건 고객 자신'이군요……. 그럼 뭐지……."

"의식인가요?"

나는 연아를 돕기 위해 조심스럽게 끼어들었다.

"정답이야!"

나는 뜻밖의 정답에 놀라면서도 왜 알로하 신사가 이 같은 질문을 해서 대답을 이끌어냈는지 생각했다. 그러자 연아가 흥분해서 소리쳤다.

"아! 우리의 역할이 의식을 바꾸는 거라면 우리가 코치로서 해야 할 일은 물고기를 주는 것도, 물고기 잡는 법을 가르쳐주는 것도 아니고……."

이 말을 듣고 나는 깨달았다.

"본인이 낚시하는 법을 배우고 싶다고 진심으로 생각할 수 있도록 '의식이 변할 수 있게 관여를 하는 것'이 코치에게 필요한 친절이란 말인가요?"

"딩동댕!"

알로하 신사는 만족스러운 미소를 지으며 손가락으

로 나를 가리켰다.

"인간으로서 배고픈 사람에게 물고기를 주는 건 더할 나위 없이 친절한 행동이야. 번거로움을 무릅쓰고 일부러 물고기를 잡는 방법을 가르쳐주는 것도 인간으로서 훌륭한 일이지. 하지만 코치는 그렇게 해주고 싶은 마음을 참고 상대방에게 도움이 되는 더 깊은 친절로 대할 필요가 있어."

코치에게 필요한 친절함이 뭔지 알게 된 나는 알로하 신사의 말을 속으로 여러 번 곱씹었다.

"그럼 BB, 다음 질문. 만약에 코치가 고객에게 물고기를 주거나 낚시하는 법을 가르쳐주면 어떤 위험이 따를까?"

나는 바로 깨달았다.

"고객이 '의존'하게 됩니다."

"그래. 고객이 의존하면 코치는 끝장이야. 코칭의 본질을 잃어버리게 되거든. 언제나 고객의 의지와 능력으로 성장하는 과정을 돕는 게 코치의 역할이란 사실을 잊어선 안 돼."

고객이 의존하지 않으면서 고객에게 필요한 코치의

위치를 나는 아직 잘 이해할 수 없었지만, 알로하 신사가 하려는 말이 뭔지는 어렴풋이 알 것 같았다. 나의 '에너지원'은 자칫 물고기를 주는 것으로 채워질 수 있는 신념이었기 때문이다. 그때 연아가 생각났다는 듯이 말했다.

"저는 아버지의 엄격함에서 사랑을 느낄 수 있었지만 어딘가 위화감도 느꼈어요. 그 엄격함을 이어받은 저 자신에게도⋯⋯. 지금 그 위화감의 정체를 알 것 같아요."

연아의 이야기에 알로하 신사는 온화한 표정으로 귀를 기울였다.

"아버지는 제 의식이 아니라 행동을 강제로 바꾸려고 했어요. 그래서 저는 그런 아버지가 한때 너무 싫어서 말도 하지 않았죠. 통금 시간도, 진로도, 제 마음은 전혀 존중해주지 않았으니까요. 하지만 아버지는 저를 엄마 없이 혼자 키우셨어요. 나를 남들보다 두 배로 사랑해줬다는 걸 아플 정도로 알고 있어서⋯⋯ 그래서 그 엄격함도 너무 사랑해서라고 스스로를 설득했던 것 같아요."

연아는 한 번도 보여준 적 없는 진지한 표정으로 이야기를 계속했다.

"그런데 그 위화감의 정체를 겨우 알았어요. 그건 아버지에 대한 위화감이라기보다는 제가 부하 직원이나 아이에게 하는 행동에 대한 위화감이었습니다. 뭐지 이 기분은……."

연아의 눈동자에는 눈물이 고여 있었다. 알로하 신사는 부드럽게 미소를 지으며 일부러 그녀가 아니라 창문 쪽을 바라보고 있었다.

"남의 일에 이렇다저렇다 말할 수 없지만 아버지가 서툴렀던 거야. 그 엄격함이 사랑이라고 굳게 믿었던 거지. 오늘 집에 가면 한바탕 퍼부어주라고!"

나는 손으로 눈물을 닦는 연아에게 손수건을 내밀었다. 눈물을 흘리는 그녀의 모습은 빨려 들어갈 정도로 아름다웠다.

"좋아, 점심시간이다! 호텔 안뜰에 있는 레스토랑으로 자리를 옮기자."

알로하 신사는 천천히 의자에서 일어났다.

"네! 잘 먹겠습니다!"

나도 의자에서 일어나며 큰 소리로 말했다. 연아도 힘껏 기지개를 켜고 소리쳤다.

"먹으러 가볼까!"

이해와 행동의 간극을 메우는 기술,
피드백

이 호텔의 안뜰로 들어가면 미슐랭 스타를 받은 프렌치 레스토랑이 있다. 점심이라도 한 번 먹을 수 있다면 평생 행복한 기억으로 남을 만한 가격대의 레스토랑이었다. 나와 연아는 이 레스토랑에서 처음으로 식사를 했다. 레스토랑에서 식사하는 우리를 호텔 동료들이 부러운 듯이 바라보았다. 아주 맛있는 코스 요리였다.

"그럼 이제 커피를 마시면서 나에게 하려고 했던 5차원 질문을 한번 해봐. 내 코어 드라이브를 꺼낸 지금이라면 효과적으로 작동할지도 모르니까."

'5차원 질문'을 던지는 것이 내 역할이었다. 나는 넥타이를 고쳐 매고 알로하 신사의 눈을 똑바로 쳐다보았다.

"만약 은퇴하지 않기로 결심한 자신이 옆에 있다면 앞으로 3개월 동안 코치로서 어떤 활동을 하겠습니까?"

알로하 신사는 진지한 눈빛으로 나를 돌아보았다.

"질문의 '의도'가 뭐지?"

"'은퇴하기로 결심한 현실'만 보는 선생님에게 '은퇴하지 않기로 선택한 현실'도 보게 함으로써 더 냉정하고 객관적으로 '최고의 은퇴'를 생각하게 하려는 의도입니다."

연아가 옆에서 덧붙였다.

"그리고 은퇴할 생각이 있는 남은 3개월과 은퇴하지 않기로 결심한 3개월의 차이를 알면 은퇴한다 해도 후회가 남지 않게 뭘 해야 하는지도 끌어낼 수 있지 않을까 생각했습니다."

나도 한 가지 생각난 것을 덧붙였다.

"선생님은 세계 최고의 코치라서 선생님을 코치할

적임자는 누구보다도 선생님 자신이라고 생각합니다. '은퇴하지 않는 선생님'이 '은퇴를 결심한 선생님'에게 어떤 질문을 할지를 물어보면서 끌어내는 것도 좋을 것 같습니다."

알로하 신사는 천천히 커피를 마시며 낮게 말했다.

"나쁘지 않은 질문이야."

처음으로 진지한 얼굴로 칭찬을 받은 우리는 주먹을 맞대며 승리 포즈를 취했다.

"어때, 코칭을 잘 아는 척하면서 갑자기 내게 '최고의 은퇴를 했을 때의 감정'이니 '최고의 정의'니 그딴 질문을 했던 첫 세션이 이제 부끄럽지 않나?"

연아와 나는 얼굴을 마주 보았다.

"부끄럽지만, 그렇게 생각하니 굉장히 성장한 것 같은걸요!"

"네. 질문이란 어떤 타이밍에 하느냐가 무엇보다 중요하다는 걸 이해할 수 있게 된 것 같아요."

알로하 신사는 단숨에 커피를 마셨다.

"자만하지 마, BB. 나 같으면 3분이면 끝날 일을 너희들은 3개월이나 걸렸어. 게다가 코칭의 가장 어려운 포인트는 이제부터야."

알로하 신사는 계산을 부탁하고 다시 우리를 돌아보았다.

"사람의 마음에는 이해와 행동의 간극이 있어. '하려고 하는 것'과 '실제로 할 수 있는 것' 사이에는 크고 깊은 괴리가 있다는 거지."

우리는 노트를 바꾸고 메모를 준비했다.

"세션을 통해 고객이 새로운 행동을 하기로 결정했다 해도 그걸 쉽게 행동으로 옮기진 못해. 인간의 뇌는 변화를 '오류'로 판단하거든."

나는 그의 새로운 서랍에서 연달아 나오는 정보를 한 글자도 놓치지 않으려고 열심히 메모했다.

"코칭이란 고객과 지속적으로 관계를 맺으면서 고객이 스스로 결정한 행동을 확실하게 실행할 수 있도록 지원하고, 그 결과를 검증한 뒤, 다시 행동을 결정하고, 실행하고, 검증하는 작업을 반복하는 것이라 할 수 있어. 다만 하기로 결정한 행동을 실행으로 옮기지 못하니까 코치를 찾는 가치가 있는 거고, 거기서 코치의 능력이 결정된다는 거지."

알로하 신사는 옆자리 커플의 시선을 전혀 의식하지 않고 박력 있는 목소리로 말을 이어갔다.

"그럼 다음 달 숙제를 발표하겠다!"

"네!"

연아도 주위의 상황에 아랑곳하지 않고 기합이 들어간 목소리로 대답했다.

"이해와 행동 사이의 간극을 메우는 방법에는 여러 가지가 있어. 인터넷이나 책에서 찾아보면 알 수 있으니 그건 알아서 공부하도록. 단, 최고의 코치라면 반드시 배워야 하는 이해와 행동의 간극을 가장 빠르게 메우는 기술이 있어."

'이해와 행동의 간극을 가장 빠르게 메우는 기술?'

"바로 '피드백'이다!"

상대방의 거울이 되어 깨달음을 주는 법

5성급 호텔에서 일하는 우리에게 '피드백'이란 말만큼 자주 쓰는 말도 없다. 나는 순간 허를 찔린 기분이 들었다.

"'피드백'이라면 현장에 나가기 전 반드시 2인 1조로 짝지어 피드백하고 있습니다. 헤어스타일, 옷이 흐트러지지 않았는지 복장 체크, 최근에는 입 냄새 체크까지. 매니저는 마음에 걸리는 말이나 행동을 보면 바로 피드백을 하는 역할도 맡고 있어요."

알로하 신사는 코웃음을 쳤다.

"피드백은 '상대방의 거울이 되어 상대방이 보지 못하는 것을 일깨워주는 것'이어야 해. 물론 코치의 피드백은 그런 수준을 넘어 '사람의 의식을 바꾸는 수준의 피드백'이어야 하고."

나는 '의식을 바꾼다'는 말에서 그가 하고 싶은 말이 뭔지 살짝 눈치챘다.

"물고기를 주지 않고, 물고기를 잡는 방법도 가르쳐주지 않고, 본인이 직접 물고기를 잡는 방법을 배우려는 '의식'을 끌어내는 것이 코치의 역할이자, 코치에게 필요한 친절이라고 했지. 그 의식을 끌어내는 최강의 무기가 바로 피드백이야. 자네들은 '질문'이 코치의 가장 강력한 무기라고 생각하겠지만 그렇지 않아. 코치의 가장 강력한 무기는 '피드백'이다."

연아도 놀란 표정으로 알로하 신사의 말에 귀를 기울였다.

"인간의 의식을 바꾸는 가장 쉬운 방법이 뭘까? BB?"

나는 갑작스런 질문에 당황했다.

"칭찬하는 건가요?"

"바보 같으니! 아무리 칭찬해도 사람의 의식은 거의 변하지 않아. 연아, 뭘까?"

"위협하는 것?"

"정답. 총을 겨누면 누구나 본심이 나오게 되지. 단, 코치는 사람의 의식을 바꾸기 위해 총이 필요 없는 사람이야."

그 말이 내 심장을 저격했다. 나는 노트에 가장 크게 메모했다.

"그 말인즉슨, 코치가 총보다 더 파괴적인 무기를 가지고 있다는 뜻이지."

"그게 바로 피드백⋯⋯."

"'피드백을 지배하는 자가 코칭을 지배한다'. 명심해!"

나는 오늘 가장 큰 글씨로 노트에 꾹꾹 눌러 적었다.

"참고로 물고기 잡는 법을 배우고 싶다는 의식을 끌어내려면 어떤 피드백을 해야 효과적일까?"

우리는 말없이 한참을 생각했지만 적절한 대답이 생각나지 않았다.

"선생님, 힌트 좀 주세요!"

"힌트는 '나도 몰라!'야."

"네?"

의미를 알 수 없는 힌트에 우리는 고개를 들었다.

"총보다 강력한 피드백을 하려면 5차원 질문과 마찬 가지로 그 사람의 코어 드라이브를 알아야 해. 모르면 효과적인 말을 선택할 수가 없어. 그런 피드백은 상대 도 받아들이지 못하지."

연아는 그 말에 나지막이 속삭였다.

"사실 전 피드백을 받는 게 아주 서툴러요. 왜냐면 '너한테 그런 말을 듣고 싶지 않아!'라고 어딘가에서 생각하거든요."

"피드백을 잘하는 알려지지 않은 비결은 '또 한 명의 내가 말하는 느낌으로 전달하는' 거야."

연아의 손이 딱 멈췄다.

"그렇군요. 그러고 보니 코어 드라이브를 공유하고 하나가 된 느낌이 든 사람이 해주는 피드백이라면 순 순히 들을 수 있을 것도 같아요."

알로하 신사는 웨이터에게 손을 들고 말했다.

"피드백을 할 때는 몇 가지 포인트가 있어. 그건 인

터넷과 책에 얼마든지 나와 있으니 읽어보도록. 다만 피드백을 가장 효과적으로 총보다 강력하게 만드는 비결은 '상대방 안으로 들어가서 상대방이 또 한 명 있다고 가정하고 그 목소리를 대변하듯이 전달하는 것'이야."

나는 어렴풋이 이해가 된 것 같아서 숙제 발표를 기다리기로 했다.

BB와 연아의 결심

"그럼 다음 달 숙제를 발표하겠다. 먼저 연아!"

"네!"

"자네는 20명이 넘는 사람에게 자네의 커뮤니케이션이 '발전 가능성'이 있는지 피드백을 받아 와."

"아, 네……."

"BB는 지금까지 누군가에게 하지 못하고 참았던 말을 10명이 넘는 사람들에게 확실하게 말하고 와."

그러자 연아는 내가 하려던 질문을 먼저 던졌다.

"선생님에 대한 다음 세션은……?"

알로하 신사는 이미 준비해놓은 것처럼 대답했다.

"다음 세션은 자네들이 이 과제를 완수하고 '피드백 능력'이 생기고 나서 하기로 하지. 어때, 할 수 있을 것 같아?"

"네!"

우리는 지금까지와는 다른 형식의 숙제에 당황했지만 알로하 신사가 의도하고 있는 바가 뭔지는 이해했다. 할 수밖에 없다는 생각이 들었다.

"그럼 다음 달에는 이틀 연속으로 훈련할 거니까 이틀을 통째로 비워둬!"

"네!"

그런 우리의 대화를 옆자리 커플이 입을 벌리고 지켜보고 있었다.

알로하 신사와 안뜰에서 헤어진 우리는 이번 달 스케줄을 맞추기 위해 벤치에 앉았다. 연아가 수첩을 보면서 머리를 귀 뒤로 넘기고 살짝 웃으며 말했다.

"둘이서 매달 교대 시간을 맞추고 만나는 날을 정하니 어쩐지 꼭 커플 같아."

평소의 나라면 웃으면서 바로 대답했을 텐데, 이때는

말이 나오지 않았다. 그때 내 머릿속에 눈물을 흘리던 연아의 옆얼굴이 떠올랐다. 그녀는 나의 그런 변화를 눈치채지 못하고 내 어깨를 두드리며 말했다.

"나 맹세코 코칭을 내 것으로 만들 거야. 그래서 최고의 매니저, 최고의 엄마, 최고의 코치가 될 거야!"

나도 연아의 열정에 질세라 큰 소리로 말했다.

"나도 반드시 '세상에서 가장 깊은 사랑을 시험하는 일'을 하며 살아갈 거예요!"

우리는 주먹을 맞대고 오늘 세션의 성공을 축하하며 헤어졌다.

이때만 해도 한 달 후 우리에게 어떤 비참한 상황이 닥칠지 전혀 알지 못했다.

▸ 프로 코치에게 필요한 '친절함'이자, '이상적 태도'이자 '역할'은 배고픈 사람에게 물고기를 주는 것도, 물고기 잡는 법을 가르쳐주는 것도 아니다. '물고기 잡는 법을 알고 싶다', '배우고 싶다'는 의식을 끌어내는 것이다.

▸ 코칭의 가장 어려운 점은 이해와 행동의 간극을 메우는 것이며 그 간극을 메우는 코치의 가장 강력한 무기는 '피드백'이다.

▸ '피드백'의 진수는 상대방 안으로 들어가서 상대가 또 한 사람 있다고 가정하고 그 목소리를 대변하듯이 전달하는 것이다.

| 5장 |

당신은 상대방에게
지금 꼭 필요한
사람인가?

시간을 멈추게 하는 피드백

한 달 후, 우리는 약속한 시간에 알로하 신사의 방 앞에 섰다. 평소 같았으면 패기 넘치는 코치가 되어 힘차게 노크를 했겠지만 이날은 도저히 그럴 기력이 없었다.

"여, 나의 사랑스러운 제자들! 어서 들어와!"

알로하 신사는 햇볕에 살짝 탄 얼굴에 익숙한 알로하 셔츠와 청바지 차림으로 우리를 맞았다.

"왜 둘 다 이렇게 기운이 없어. 코치의 패기가 전혀 느껴지지 않는군."

연아는 선 채 알로하 신사에게 말했다.

"죄송해요……. 선생님께서 내주신 피드백 받는 숙제, 다섯 명밖에 못했어요."

"저, 저도 하고 싶은 말을 네 명에게 하고 못했어요……."

그러자 알로하 신사는 창밖을 내다보며 작은 소리로 중얼거렸다.

"그래…… 훈련도 여기까지인가……."

알로하 신사의 다음 말을 기다리는 것 외에 나는 아무 말도 할 수 없었다.

"……내일, 내일까지 기다려주세요, 반드시 숙제를 해오겠습니다."

연아가 갑자기 큰 소리로 알로하 신사에게 호소했다. 그러자 알로하 신사는 재빨리 대답했다.

"억지로 할 필요 없어. 특별히 강요하는 건 아냐. 어차피 소액이지만 돈도 받았고."

나도 이어서 말했다.

"선생님, 잠시 핑계를 대겠습니다."

"하지 마!"

너무 빠른 대답에 나는 할 말을 잃었다.

"그럼 선생님, 점심시간까지 3시간만 주세요, 꼭 해 올게요."

그러자 알로하 신사는 우리 쪽을 보고 코를 파면서 우쭐한 얼굴로 말했다.

"농담이야. 앉아, 이 바보 제자들아."

우리는 뭐가 뭔지 몰라 얼굴을 마주 보며 자리에 앉았다.

"연아는 다섯 명, BB는 네 명인가…… 내용에 따라 다르겠지만 뭐, 괜찮겠지."

"무슨 뜻인가요? 아직 기회가 있다는 건가요?"

연아는 불안한 표정으로 알로하 신사에게 확인했다.

"연아, 그렇게 필사적으로 할 거면서 왜 스무 명한테 피드백을 받지 않았어?"

연아는 잠시 고개를 숙였다가 천천히 입을 열었다.

"상사 한 명과 아버지, BB에게 받았는데…… 그 외에 매일 보는 사람들이 부하 직원밖에 없었어요. 그래도 신뢰하는 부하 직원 두 명에게 용기 내서 물어봤는데, 한 명은 '그런 말은 할 수 없습니다'라고 했고 다른 한 명은 '지금 이대로도 충분히 훌륭하다고 생각합니다'란 대답밖에 해주지 않았습니다."

알로하 신사는 냉장고에서 고급스러워 보이는 토마토 주스를 세 병 가져와 연아 앞에 놓았다.

"왜 나머지 사람들에게는 묻지 않았지?"

"그게…… 부하 직원 둘에게 물어보고 나서 물어봤자 소용없다고 생각했고, 한 부하 직원이 다른 직원들에게는 묻지 않는 게 좋을 것 같다고 해서요……."

"그 사람들을 탓하는 건가?"

연아는 허락도 없이 고급스런 토마토 주스를 집어 들고 천천히 마시기 시작했다.

"아뇨, 그게 아니라 저도 잘 모르는 것을 다른 부하에게 묻는 것에 강한 거부감을 느꼈습니다."

알로하 신사도 고급스러워 보이는 토마토 주스를 손에 들고 나를 보고 턱짓으로 '너도 마셔'라고 말했다.

"연아, 매니저는 부하 직원에게 어떻게 해야 한다고 생각해?"

연아는 토마토 주스를 꿀꺽꿀꺽 마신 뒤 분명한 어조로 말했다.

"위엄이 있어야 한다고 생각합니다!"

그러자 알로하 신사가 온화한 표정으로 말했다.

"코어 드라이브를 필사적으로 지킨 셈이군."

의미를 알 수 없는 말에 연아는 머리 위에 커다란 물음표를 띄우고 알로하 신사를 보았다.

"자네, 아버지에게서 도망친 적은 있어도 아버지에게 진심으로 대들거나 속마음을 털어놓은 적은 없지?"

연아는 한 번도 본 적 없는 당혹스러운 표정으로 고개를 저었다.

"그러니까 자네도 부하에게는 말하지 말라고, 말하게 해서는 안 된다고 굳게 믿고 있는 거야."

연아는 눈도 깜빡이지 않고 한동안 굳어 있었다.

"자네는 '아버지에게 하지 못한 일을 부하 직원에게도 시키지 않음으로써 아버지에게 아무 말 하지 못했던 자신을 필사적으로 정당화'하는지도 몰라."

그 순간 시간이 멈춘 것이 분명했다. 옆에 있던 내 시간까지도.

그리고 알로하 신사의 말이 멈췄다. 몇 초 후였는지는 잘 모르겠지만, 알로하 신사의 다음 한마디로 다시 시간이 움직이기 시작했다.

"이게 바로 '피드백'이야."

연아와 나는 알로하 신사의 총보다 강력한 피드백에 심장을 완전히 저격당했다.

잠시 후 연아가 천천히 입을 열었다.

"코치는 뭘까요, 어떤 사람이죠? 왠지 아무렇지도 않게 일격을 당하고 지금은 다시 태어난 기분마저 들어요……."

알로하 신사는 토마토 주스를 다 마시고 말했다.

"이게 '세계 최고의 피드백'이다."

나는 그의 한마디에 얼떨떨하면서도 다음은 내 차례라는 것을 깨닫고 꿀꺽 침을 삼켰다.

"어때? 맛있지, 이 토마토 주스! 한 병에 2,000코루나야. 다 마시고 그 죽어갈 것 같은 얼굴 좀 어떻게 해 봐!"

나는 손에 든 병을 바라보며 한 모금에 얼마인지 무의식적으로 생각하고 있었다.

"그럼 BB! 다음은 자네야. 네 명에겐 하고 싶은 말을 했겠지. 그중에서 가장 용기가 필요했던 피드백을 말해봐."

나는 호흡을 가다듬고 나서 한 사람을 머릿속에 떠올리며 이야기를 시작했다.

"일을 건성으로 해서 계속 주의를 주려고 했던 동료가 있었거든요. 그 동료에게 '테이블에 그렇게 먼지가 쌓이면 손님이 불쾌하게 느낄 거야'라고⋯⋯."

알로하 신사는 놀라울 정도로 관심 없는 얼굴로 코를 파고 있었다.

"그럼 BB, 사실 가장 하고 싶은 말이 뭐였어?"

나는 잠시 생각하는 척하며 작게 말했다.

"객실 관리 책임자인 톰에게 '날 아르바이트생이라고 부르지 마!'라고 말하고 싶었습니다."

"그렇군⋯⋯. 사실은 더 말하고 싶은 게 있지? 뭐였어?"

나는 톰의 얼굴을 떠올리며 약간 감정적으로 말했다.

"다들 널 싫어하지만 참고 억지로 웃으면서 따르는 거야, 이 멍청아! 너만 없었으면 다들 더 웃으며 즐겁게 일할 수 있었을 거야, 이 늙다리야."

알로하 신사와 연아는 눈을 동그랗게 뜨고 약간 뒤

로 물러섰다.

"좋아, 그럼 BB, 그 사람에게 그대로 말해줘!"

"그런 말을 어떻게 해요! 그럼 바로 잘린단 말이에요! 마음에 안 드는 부하 직원은 바로 해고하는 사람이라, 아르바이트생인 저 같은 건 한순간이에요."

"그럼 코치는 포기해!"

"뭐라고요?"

"그럼, 그 생각을 표현만 다르게 해서 전해! 내일까지 해오면 훈련을 계속하지."

"말을 바꿔서 해도 전 해고당할 거예요."

"말끝마다 해고, 해고, 해고. 너는 너 자신만 생각하는구나. 그 늙다리가 하는 말과 행동 때문에 슬프고 쓸쓸한 표정을 짓는 동료들을 생각해봐. 해고당한 동료도 있지? 누군가 말하지 않으면 동료도, 그 늙다리도 모두 불행할 뿐이야."

나는 헝클어진 머리를 감싸 쥐었다.

"연아, BB의 신념인 코어 드라이브를 말해봐!"

"남이 슬퍼하는 얼굴이나 쓸쓸한 얼굴을 보는 것을 누구보다 싫어하고, 그것을 어떻게든 해결해주고 싶다는 강한 바람……."

"그거 참 이상하군!"

알로하 신사는 한순간 눈을 반짝였다. 몇 초 후, 그의 말에 가슴을 저격당한 나는 쓰러져 죽고 말았다.

"자네의 신념은 어쩌면 '다른 사람의' 슬픈 얼굴이나 쓸쓸한 얼굴보다 '자기의' 슬픈 얼굴이나 쓸쓸한 얼굴을 보는 게 더 싫어서, 그걸 어떻게든 해결하려고 애써 살아가고 있는 건 아닐까?"

진정한 의미의 자신과 마주하기

"BB, 괜찮아?"

어느새 나와 연아는 호텔에서 도보로 10분 정도 떨어진 공원 벤치에 앉아 있었다. 나는 연아가 건네준 아보카도와 달걀 샌드위치를 양손에 들고 한없이 멀게 느껴지는 구름 한 점 없는 하늘을 바라보았다.

"연아 씨, 내 코어 드라이브는 가짜였던 걸까요?"

연아는 작은 입을 크게 벌리고 샌드위치를 먹으며 말했다.

"선생님 말씀 못 들었어? '에너지원인 신념은 때로는

좋은 면도 있고 나쁜 면도 있다'고 했잖아. 그 나쁜 면도 확실히 받아들여야 비로소 진정한 코어 드라이브라는 신념이 되어 자신을 든든히 받쳐주고 등을 떠밀어줄 거라고 했잖아."

나는 피드백을 받고 나서 아무것도 메모하지 않았다는 것을 깨닫고 샌드위치를 입에 구겨넣은 뒤 노트를 꺼냈다.

"BB, 그 샌드위치 하나에 1,000코루나래."

나는 한순간 입에서 꺼내 다시 먹을까 생각했지만 간신히 참았다.

"내일도 훈련이죠? 숙제는요?"

연아는 내게 노트를 건네주었다.

"난 부하 직원 다섯 명에게 피드백을 받고, BB는 톰에게 하고 싶은 말을 해야지."

나는 조용히 메모를 하며 말을 흘렸다.

"여러 의미로 '각오를 하라'는 뜻이군요."

"응……."

우리는 쌀쌀한 파란 하늘 아래서 한동안 조용히 노트를 들여다보았다.

"분명 마음속 어딘가에서는 알고 있던 거였어……."

연아는 나도 느끼고 있던 것을 나직이 말했다.

"정말이지 선생님은 우리 안에 깊숙이 들어와서 또한 명의 우리를 발견하고 그 목소리를 대변한 거예요……."

우리는 진정한 의미에서 자신과 마주한다는 건 어떤 의미인가를 아플 정도로 통감했다.

나와 연아는 한동안 한 마디도 하지 않고 뭐라 말할 수 없는 감정을 느끼며 하늘을 바라보았다.

코칭을 할 수 있다 vs. 코치로 돈을 번다

다음 날 우리는 아침 7시에 호텔 방이 아닌 호텔 입구에서 만나기로 했다. 그리고 코치처럼 차려입지 말고 편안한 차림으로 오라는 지시를 받았다.

"알로하! 연아. 사복 차림도 귀엽군. BB는 어떻게 됐어?"

"안녕하세요. 아직 안 왔어요. 평소 같으면 15분 전에 왔을 텐데…… 휴대전화도 안 되고."

"뭐야, 그 녀석, 정말로 죽은 건가?"

"아, 왔어요! BB! 서둘러!"

그날 나는 5분 늦게 집합 장소인 로비에 도착했다.

"뭐야, 그 짐은? 게다가 얼굴에 붉은 게 잔뜩 묻어 있잖아?"

"안녕하세요, 연아 씨! 안녕하세요, 선생님! 기다리게 해서 죄송합니다."

연아와 알로하 신사는 눈을 동그랗게 뜨고 서로를 바라보았다.

"저는 오늘 다시 태어났어요. 이제 저는 '아르바이트생 BB'가 아니라 프로 코치 BB예요. 잘 부탁합니다!"

"설마, BB!"

"네, 말했어요. 그 사람한테 '그대로' 말해줬어요!"

"'그대로'라니 뭐야? 그럼, 해고당했다는 거야?"

"그게, 그렇게 됐어요. 그런 사람 밑에서 일하는 건 이쪽에서도 사양입니다."

연아와 알로하 신사는 입을 벌린 채 꼼짝도 하지 않았다.

"BB! 잠깐만 기다려. 내가 톰한테 말할게. 해고는 없었던 일로 할 거야!"

나는 웃으면서 말했다.

"연아 씨, 이제 내 상사 행세는 그만둬요. 연아 씨와 난 오늘부터 동료 프로 코치예요."

그러자 알로하 신사가 크게 웃으며 말했다.

"좋아, 사랑하는 제자들아, 차에 타! 출발이다!"

우리는 어디로 가는지도 모른 채 알로하 신사의 롤스로이스에 올라탔다.

"BB, 자네 눈이 풀렸어!"

알로하 신사가 평소답지 않게 즐거운 목소리로 말했다.

"BB, 왜 그대로 말했어! 선생님은 표현을 바꿔서 잘 말하라고 했잖아."

"이제 됐어요…… 다 끝난 일이에요……."

"아니, 방금 전 기세는 어디 가고 왜 또 풀이 죽었어? 그리고 얼굴에 붉은 건 뭐야? 맞았나?"

"아니, 제가 그 사람한테 말을 하고 나서 돌아와 짐을 싸는데, 짐 싸는 걸 도와주던 지니와 사라가 마지막에 제 얼굴에 키스 세례를……."

알로하 신사는 크게 웃었다.

"동료의 웃는 얼굴을 위해 멋지게 해냈군! 아무래도 자네의 코어 드라이브는 진짜였던 모양이야!"

"선생님, 장난은 그만 하세요! BB에게는 생활이 걸려 있는 문제라고요! 이제 모아둔 돈도 없는데 어떡해요!"

연아의 분노에 그는 즐거운 목소리로 말했다.

"참, 연아는 어떤 피드백을 받았지?"

"말할까요? 짜증 나는 피드백뿐이라 떠올리고 싶지 않은데……."

"그럼 의외였던 피드백을 두 개만 말해봐."

연아는 공책을 꺼내 읽기 시작했다.

"'너무 엄격하다'는 말을 제외한 피드백이라면……. '변명은 됐고, 그냥 좀 해!'가 입버릇이라는 말도 있었고, '객실 관리하는 BB에게만 친절하다'는 말도 있었어요."

"오, 아주 귀중한 피드백이 아닌가!"

연아는 공책을 내려놓고 심호흡을 했다.

알로하 신사는 그런 연아를 바라보았다.

"그럼, 오늘은 사랑하는 제자들에게 '비즈니스의 살아 있는 전설'을 소개하지! 코칭 방법은 충분히 가르쳐주었으니, 이제는 스스로 배우고 실천해서 자기만의 방법을 확립해나가도록!"

"네? 벌써 끝난 거예요?"

"뭐야 BB, 살아 있었어?"

"우리는 아직 선생님의 목표 달성을 위해 뭘 제대로 한 게 없는데요……."

그러자 알로하 신사는 진지한 얼굴이 되어 힘주어 말했다.

"'코칭을 하는 것'과 '코치로 돈을 버는 것'은 쓰는 근육이 달라. 남은 두 달 동안은 자네들이 코치로서 돈을 벌 수 있게 '비즈니스 마인드'를 가르쳐줄 거야. BB는 실업자가 되기도 했으니."

연아와 나는 머릿속을 정리하지 못하고 일단 고개를 끄덕였다.

차에서 내려 밖을 보니 그곳은 공항이었다.

"좋아, 내려! 지금부터 전용기를 타고 버지니아 제도에 갈 거야!"

우리는 예상치 못한 훈련 장소에 놀라움과 흥분을 감추지 못했다.

중요한 것은 '문제'가 아닌 '사람'

"와, 이럴 수가! 처음 타봤어, 개인 제트기! 상상했던 것보다 넓고 쾌적해!"

개인 제트기에 발을 들이자마자 흥분한 연아가 환호성을 질렀다. 나는 영화 속에서만 봤던 공간에 있는 게 실감 나지 않아 무의식적으로 뺨을 꼬집었다.

"백수 청년이 개인 제트기를 타는 건 세계 최초 아닌가?"

알로하 신사의 놀림에 연아는 내 어깨를 만지며 빙긋 웃었다.

"버지니아 제도엔 1시간 반이면 도착할 거야. 그동안 자유롭게 쉬어!"

나는 아름다운 승무원이 가져다준 물수건으로 손을 닦으며 물었다.

"선생님, '비즈니스의 살아 있는 전설'이 대체 누굽니까?"

"자네들도 아는 사람일 거야. 그 친구는 눈에 띄는 걸 정말 좋아하거든."

알로하 신사는 의자에 깊숙이 앉아 한 손에 와인을 들고 말했다.

"자네들이 그 친구에게 스스로를 비즈니스 코치로 소개하든 커리어 코치로 소개하든 라이프 코치로 소개하든 본인의 자유야."

"선생님은 파티에서 '비즈니스 코치'로 소개됐죠."

"난 경영자, 운동선수, 배우, 정치인을 상대해왔지만 결국 고객의 목표에 비즈니스가 깊이 연관되어 있어서 '비즈니스 코치'로 불려왔어."

"아, 코치라 해도 누구를 주요 고객으로 받느냐에 따라 명칭도 달라지는군요."

"인생의 길목에서 길을 잃지 않는 걸 목적으로 하는 코칭이라면 커리어 코치든 라이프 코치든 상관없어. 코치는 코치일 뿐이지. 스포츠를 지도하는 코치와는 조금 다르지만 코치로서 '마땅히 갖춰야 할 자세', '지도 방식', 그리고 '돈 버는 방법' 같은 중요한 기본은 변하지 않아."

'나는 어떤 사람을 위해 코칭을 하게 될까?'

조금 불안해지면서 나는 머리를 감싸 쥐었다.

"코치는 조언을 하지 않아. 그래서 백수인 BB도 미국 대통령이나 세계적 기업 경영자에게 코칭을 해줄 수 있지."

"하지만 말이 통하기는 할지……."

내 질문에 알로하 신사는 와인을 비우고 나서 대답했다.

"물론 최소한의 비즈니스 공부는 필요해. 고객이 속한 업계에 관해 최대한 많이 공부를 해놔야 돼. 하지만 결국 코치가 하는 일은 '고객이 더 나은 상태가 되도록 지원하는 것'이야."

'고객이 더 나은 상태가 되도록 한다…….'

나는 노트를 꺼냈다.

"BB, 사람의 성장을 멈추는 고민의 90퍼센트가 뭐라고 생각해?"

"돈 아닐까요?"

"그건 백수인 자네만 그렇고!"

"인간관계!"

"그래, 인간관계야. 고객이 목표를 향해 나아갈 수 있도록 '중요한 사람들'과의 인간관계를 개선하면 고객의 퍼포먼스가 눈에 띄게 향상되어 목표를 이루기 위한 행동도, 본인의 성장도 점점 빨라지지."

"그렇군요. 우리가 목표로 하는 코치는 컨설턴트와 달리 고객의 비즈니스 문제를 해결하는 역할은 아니니까요."

나는 의미를 절반만 이해한 것 같아 메모를 하면서 확인할 겸 말했다.

"그래, 코치는 고객의 문제에 개입하면 안 돼. 고객은 항상 문제를 안고 있어. 그래서 고객이 그 문제와 지금 '어떻게 관계하고 있느냐'가 중요한 거지. 즉, 보다 빠르고 확실하게 목표에 다가갈 수 있도록 코칭하고, 문제를 안고 있는 고객의 상태를 개선하는 데만 초점을 맞추면 돼."

알로하 신사는 와인을 한 잔 더 마셔서인지 평소보다 말이 많아졌다.

"컨설턴트는 문제에 초점을 맞추지만 코치는 항상 '사람'에 초점을 맞춰야 해. 그 사람의 코어 드라이브와 그 사람의 '소중한 사람과의 인간관계'를 축으로 코칭하면 되거든. 그래서 고객이 하는 일에 대한 복잡한 지식은 몰라도 된다고 말하는 거야."

나는 주문한 스프라이트를 단숨에 마시고 말했다.

"객실 관리 아르바이트를 한 것 말고는 경험이 없는 나 같은 사람이 대체 누굴 코칭할 수 있을까, 계속 생각했던 터라 왠지 무거운 마음의 짐 하나를 던 기분이에요."

"이젠 아르바이트생이 아니잖아!"

알로하 신사는 기분 좋아 보이는 얼굴로 웃었다.

"뭐, 그만큼 '코치에게는 사람의 마음을 깊이 이해하고 지금까지 훈련에서 해온 고도의 커뮤니케이션 능력이 필요하다'는 뜻이겠지. 그 어려움과 대단함은 충분히 이해했을 거야."

나와 연아는 메모를 하면서 몇 번이나 고개를 끄덕였다.

정신을 차리고 보니 제트기는 이미 착륙 준비를 하고 있었다.

'즐기는 마음'을 이기는 것은 없다

착륙해서 제트기에서 내리자 정차해 있던 커다란 지프 앞에 알로하 신사와 비슷한 나이로 보이는 백발의 남자가 서서 손을 흔들고 있었다.

"안녕, 페그다! 나의 은인이자 친한 벗!"

알로하 신사와 백발의 남자가 힘차게 포옹했다.

"나의 진정한 친구 미스터 리치를 소개하지!"

그러자 연아가 흥분한 기색으로 말했다.

"세상에, 진짜야……. 그 유명한 미스터 리치군요! 저 열렬한 팬이에요! SNS도 매일 보고 있어요!"

백발의 남자는 연아에게 인사치고는 좀 긴 듯한 진한 포옹을 한 뒤 뺨에 키스를 했다.

"자네들이 '목표 달성의 신'이 뽑았다는 소문의 후계자인가!"

나는 알로하 신사와는 조금 다른, 부드럽게 감싸는 듯한 강렬한 카리스마에 압도되어 큰 소리로 인사를 했다.

"BB라고 합니다. 오늘 잘 부탁드립니다."

그러자 그는 내 눈을 깊숙이 들여다보았다.

"아하…… BB라, 잘 부탁하네."

리치 씨가 내 허리에 팔을 두르고 큰 소리로 외쳤다.

"자, 모두 출발하지! 우리 직원이 바비큐를 준비해놓고 기다리고 있으니까."

우리는 지붕이 없는 지프를 타고 에메랄드빛 바다를 끼고 있는 해변에 도착했다. 차 안에서 나는 미스터 리치가 세계적으로 유명한 기업가라는 걸 알고 긴장한 나머지 숨소리가 거칠어졌다.

우리는 거의 대절하다시피 한 바다를 배경으로 컵에 맥주를 차례차례 따라 마시고, 막 구운 부드러운 고기를 접시에 올리기 무섭게 남김없이 먹어치웠다. 연아는 빨개진 얼굴로 나보다 더 맛있게 먹고 있었다. 알로하 신사와 미스터 리치는 조금 떨어진 곳에서 그런 우리를 재미있다는 듯이 바라보며 맥주를 들고 진지하게 이야기를 나누고 있었다.

고기가 접시에 올라오는 속도가 진정될 때쯤, 미스터 리치가 우리에게 말을 걸었다.

"많이 먹었나?"

"네, 더 이상 움직이지 못할 정도로 먹었습니다."

나는 냅킨으로 입을 닦으며 말했다.

"난, 이제 일주일 동안 아무것도 못 먹어……."

연아는 조금 취해 보였다. 그때 한 손에 맥주를 들고 있던 알로하 신사가 말했다.

"좋아, 이제부터 미스터 리치에게 비즈니스에 관해 지도를 받게 될 거야. 이런 호사는 없으니 사양 말고 질문하도록."

우리는 허둥지둥 가방에서 노트를 꺼내고 옆에 놓여 있던 컵에 물을 따랐다.

"안 돼, 그런 딱딱한 스터디 모임은 싫어!"

미스터 리치는 웃으며 우리에게 맥주를 내밀었다.

"제군들, 난 미스터 리치만큼 사업을 즐기고 성과를 내는 경영자를 본 적이 없어. 그는 오랜 세월 자신이 하고 싶은 사업을 취미처럼 시작해서 수많은 성공을 거뒀지. 지금은 50개 이상의 사업을 하는 슈퍼 경영자야."

미스터 리치가 옆에서 말했다.

"그건 다 자네들의 스승인 코치 덕분이야. 이 친구는 나를 몇 번이나 위기에서 구해줬어. 2년 전 경제 위기로 파산 직전까지 갔을 때도 이 친구가 내 코어 드라이브를 축으로 나의 폭주를 멈추고 최고의 결단을 끌어낸 덕분에 살아났지."

알로하 신사는 미스터 리치의 등을 쓰다듬었다.

"경영자로서 이 친구의 코어 드라이브는 '비즈니스는 놀이를 하듯이 철저하게 즐기는 것이어야 한다'는 거야. 그의 신념은 자네들도 앞으로 코치를 시작할 때 꼭 본받았으면 하는 부분이지. 상품도 정보도 넘쳐나는 요즘 시대에 특히나 비즈니스는 사람의 마음을 사로잡아야 하거든. 난 사람들의 마음을 사로잡기 위해서는 '즐기는 마음'이 반드시 필요하다고 생각해."

미스터 리치는 맥주를 마시며 부드럽게 말하기 시작했다.

"'즐기는 마음'은 사람들의 기억에 남는 '비즈니스 임팩트'가 돼. 가령, 난 비행기를 타는 이동 시간이 고통스러워서 항공사를 만들었고, 그 비행기 안에 '서서 마시는 바'를 뒀어."

"알아요! 저도 탄 적이 있거든요!"

연아가 눈을 반짝이며 말했다. 그러자 알로하 신사가 웃으며 말했다.

"게다가 이 친구는 비행기 광고비가 없어서 어떻게 할까 하는 세션을 하고 있을 때 '좋아, 내가 화려하게 여장을 하고 승무원이 되어 이슈를 만들겠어'라고 결정했어. 정말로 화려했어. 그러고 나서 모든 언론에 비행기에 관한 기사가 실리고 난리가 났지."

알로하 신사와 미스터 리치는 웃으면서 하이파이브를 했다. 곧이어 그는 나와 연아를 돌아보았다.

"물론 사람들에게 돈을 받은 이상, 진지하게 사업에 임해야겠지. 하지만 '즐기는 마음'은 사업에서 매우 중요한 요소야."

미스터 리치는 우리 눈을 똑바로 쳐다보고 말했다.

"즐기는 마음이 비즈니스에서 중요한 가장 큰 이유가 뭐라고 생각해?"

나는 사람의 마음을 사로잡는 '비즈니스 임팩트'를 제외한 나머지 이유를 생각해보았지만 이거다 싶은 대답이 떠오르지 않았다.

"그건 '즐기지 않으면 능률이 오르지 않기 때문'이야."

나와 연아는 힘차게 여러 번 고개를 끄덕이며 메모를 했다.

"미소는 전염되잖아? 최고의 미소로 만든 서비스는 역시 사람을 최고로 미소 짓게 할 수 있어."

알로하 신사는 미스터 리치의 가르침에 이어서 우리에게 보충 설명을 해주었다.

"이 친구가 말하는 미소는 호텔 직원처럼 얼굴만 웃고 있으면 안 되고 기대와 흥분으로 '가슴이 설레는' 상태여야 한다는 말이야. 사람에게 전염되는 건 감정이거든. 진지한 얼굴이라도 가슴이 설레는 상태에서는 그 감정이 사람에게 전염되니까."

미스터 리치는 고개를 끄덕이고 알로하 신사에게 맥주로 건배하는 시늉을 했다.

"내가 오늘 두 사람에게 미스터 리치를 소개한 가장 큰 이유는 이 친구만큼 퍼스널 브랜딩을 잘하는 사람이 없기 때문이야."

'퍼스널 브랜딩……?'

"앞으로 자네들은 코치로서 열심히 고객을 모아야 해. 코치라는 직업은 눈에 보이는 서비스도 상품도 없어. 즉, '나 자신을 팔아야 한다'는 뜻이지."

갑자기 미스터 리치가 직원들에게 큰소리로 외쳤다.

"어이, 다들 여기 앉아! 이제부터 '목표 달성의 신'이 퍼스널 브랜딩에 대해 코칭할 거야!"

알로하 신사는 웃으며 직원들이 모이기를 기다렸다.

나는 누구를 위해
무엇을 할 수 있는 사람인가?

"우리 직원들도 '퍼스널 브랜딩'을 강화하도록 지도하고 있어. 회사의 간판이 아니라 자신의 간판을 갖도록 말이야. 꼭 모두에게 들려주고 싶어."

1분도 지나지 않아 우리는 열다섯 명 정도 되는 동그란 원에 둘러싸였다.

"다가올 시대는 기업 브랜드만으로는 살아남을 수 없어. 기업가든 조직인이든 개인 브랜드, 즉 퍼스널브랜드가 중요해지는 시대가 될 거야."

미스터 리치가 말했다.

"우리 회사는 구인광고를 따로 낸 적이 없어. 여기에 있는 직원들 모두 내 SNS나 책을 읽고 만나러 온 사람들이야."

알로하 신사는 주변 직원들의 얼굴을 보고 말했다.

"미스터 리치는 SNS와 책에 자신의 평소 생각과 활동을 직접 올려서 이렇게 열정적이고 훌륭한 동료를 모으는 데 성공했어. 즉, '자신을 잘 팔고 있다'는 뜻이지."

그러자 연아가 말했다.

"알겠어요! 저도 미스터 리치가 매일 즐겁게 웃으면서 유머러스하게 활동하는 사진을 SNS로 볼 때마다 '좋겠다. 이런 사람과 함께 일하는 사람들도 좋겠다'라고 늘 생각했으니까요."

미스터 리치는 기쁜 얼굴로 연아에게 윙크를 했다. 알로하 신사는 내게 시선을 돌렸다.

"그럼 BB, '자신을 판다'는 게 무슨 뜻일까?"

"어…… 그러니까…… '필요한 사람이 된다'는 뜻인가요?"

"그래. 사람들에게 이 사람을 만나고 싶다, 이 사람과

어울리고 싶다, 이 사람과 일하고 싶다는 '감정'을 주는 거지."

그러자 연아가 술이 깬 목소리로 말했다.

"하지만 그런 건 미스터 리치같이 실적이 있거나 강렬한 캐릭터가 없으면 어려워요."

"그야, 그 정도의 퍼스널 브랜딩을 확립하려면 당연히 시간과 재능이 필요하겠지. 그가 유일무이한 퍼스널 브랜딩을 확립할 수 있었던 이유도 방금 전에 그가 가르쳐준 '즐기는 마음'이 있었기 때문이야."

그의 말에 미스터 리치가 이어서 말했다.

"내가 진지한 글을 써봤자 사람들은 좋아하지 않아. 반대로 어디 아픈 게 아닌가 걱정하지. SNS는 이제 내 취미이자 장난감이야."

주위에 있는 직원들이 웃는 가운데 연아가 말했다.

"하지만 그런 서비스 정신으로 가득한 사람이 어쩌다 한 번씩 진지한 글을 올리니까 많은 사람들의 마음에 중요한 메시지가 가닿는 거겠죠."

알로하 신사가 연아를 가리켰다.

"맞아! 이 친구는 그 차이로 사람의 마음을 사로잡는

데 선수야. 그러면 어떻게 하면 실적도 없는 자네들이 사람들에게 필요한 감정을 줄 수 있을까? 기왕 이렇게 된 거 다 같이 세 명씩 짝지어서 생각해봐."

우리는 간단히 자기소개를 하고 파도 소리를 배경음악 삼아 잠시 이야기를 나눴다.

"그럼 이제 어떤 의견이 나왔는지 들어볼까?"

그러자 직원들이 적극적으로 자신들의 의견을 말하기 시작했다.

"누군가에게, 해줄 수 있는 것의, 범위를 좁히는 것."

이 발언을 들은 알로하 신사는 모두의 의견을 듣는 걸 멈추고 말하기 시작했다.

"퍼스널 브랜딩의 포인트는 자신이 '누구를 위해 무엇을 할 수 있는지'를 좀 더 구체적으로 범위를 좁혀서 명확하게 하는 거야."

우리는 급히 노트에 적었다.

"왜 범위를 좁혀야 할까?"

직원들이 너도나도 대답했다.

"경쟁자를 줄이기 위해서 입니다."

"전문성을 갖추기 위해서죠."

"기억하기 쉽게 만들기 위해서요."

알로하 신사는 모두 정답이라는 제스처를 취했다.

"가장 중요한 건 '아, 이 사람이 지금 나에게 필요한 사람이다'라는 '감정'을 느끼게 하기 위해서야."

나와 주변 사람들은 고개를 힘껏 끄덕이며 알로하 신사의 이야기에 집중했다.

"'나는 50명 규모의 IT 기업을 위해 업무 효율화 시스템을 제공할 수 있는 엔지니어입니다', '나는 의류 기업에서 경력이 3년이 넘은 사람을 위해 최적의 이직을 지원할 수 있는 이직 어드바이저입니다', '나는 연봉 5,000만 엔 이상인 분에게 최적의 자산 운용을 제안할 수 있는 펀드 매니저입니다'와 같은 느낌으로 범위를 좁히면 '아, 이 사람이 지금 내가 찾는 사람이야!'라는 감정이 쉽게 생긴다는 말이야."

그러자 한 직원이 이렇게 질문했다.

"하지만 범위를 좁힐수록 고객이 줄어서 같이 일하자는 제안이 오지 않을 것 같은데요……."

알로하 신사는 기다리고 있었다는 듯 대답했다.

"아무리 범위를 좁혀도 시장은 반드시 충분히 존재

해. 그게 바로 비즈니라는 거지!"

알로하 신사의 퍼스널 브랜딩 강의를 들은 우리는 전용기 출발 시간까지 다 함께 비치발리볼을 하고 놀았다.

얼마간의 시간이 흐르고 내가 쉬고 있던 벤치 옆으로 미스터 리치가 다가와 앉았다.

"난 페그다를 오랫동안 알고 지냈지만 저렇게 행복해하고 생기발랄한 표정을 짓는 걸 처음 봤어. 이게 다 자네와 연아를 만났기 때문일 거야. 페그다를 위해서라도 그에게 지지 않는 훌륭한 코치가 되어줘, BB."

"네……. 하지만 솔직히 왜 페그다 씨가 저 같은 사람에게 이렇게 잘해주시는 건지 모르겠어요."

미스터 리치는 바다를 보며 상냥하게 웃었다.

"아마 같은 눈빛을 하고 있기 때문일 거야. BB의 눈빛은 옛날 페그다의 눈을 꼭 닮았거든."

연아가 알로하 신사의 손을 잡고 이쪽으로 오는 것이 보였다.

"이봐, 미스터 리치! 같이 사진 찍자!"

"좋아, '목표 달성의 신과 그가 선택한 후계자들'이

라고 써서 올릴까!"

우리는 표정이 굳은 알로하 신사를 필사적으로 웃기면서 넷이서 여러 장의 사진을 찍었다.

꿈같은 시간이 순식간에 지나갔다.

"연아, BB, 언제든 날 보러 와. 페그다가 자네들을 여기에 데려온 건 사실 비즈니스 이야기를 하기 위해서가 아니야. '나에게 언제든 의지하라'는 뜻이지."

"너무 기쁩니다! 나중에 사진 보내겠습니다!"

"SNS에 꼭 올리겠습니다!"

"미스터 리치, 정말 꿈같이 귀중한 시간을 내주셔서 감사합니다."

"뭐, 퇴직 축하야!"

나는 그 순간 내가 오늘 호텔에서 해고당했다는 사실을 떠올리고 바로 현실로 돌아왔다. 그때 직원들의 질문 공세를 받던 알로하 신사가 뒤늦게 도착했다.

"아 참, 자네들이 다니는 그 호텔 주인 있잖아, 그게 바로 이 친구야!"

"네에에?"

우리는 눈이 튀어나올 만큼 놀라 큰소리를 냈다.

"운영은 전부 다 맡겼지만 아직은 내가 대주주야. 원한다면 BB를 해고한 그를 잘라도 좋아."

알로하 신사는 웃으면서 말했다.

"참고로 호텔 방에 있는 그 기괴한 인형도 이 친구의 웃기지도 않는 '즐기는 마음'의 일환이야."

"그 인형, 머리도 자라는 거 아나!"

미스터 리치가 내 어깨를 두드리며 껄껄 웃었다.

나와 연아는 할 말을 잃고 그 자리에 멍하니 서 있었다.

"리치, 오늘 고마워. 이 녀석들에게 내 위엄을 보여줄 수 있어서 다행이야!"

"나야말로 우리 직원에게 정중히 대해줘서 고맙지. 네가 나를 버리고 멋대로 은퇴해도 나는 언제까지나 네가 기댈 수 있게 어깨를 내어줄 거야."

두 사람은 꼭 껴안고 한동안 가만히 있었다. 그의 등에서 알로하 신사가 '이게 코치와 고객 간의 유대야, 기억해!'라고 말하는 소리가 들리는 것 같았다.

그가 세계 최고의 코치가
될 수 있었던 이유

돌아오는 제트기 안에서 우리는 곧바로 퍼스널 브랜딩에 대해 복습했다. 알로하 신사는 와인 잔을 기울이며 이렇게 말했다.

"난 코치로 일하기 시작하고 3년 동안 매일 증권회사에 다니는 친구와 임원 명단에 있는 사람들에게 전화를 걸어 약속을 잡고, 함께 방문하거나 그 친구의 소개를 받아 고객을 늘렸어. 그리고 3년 후에는 완전 소개제로 전환해 입소문만으로 코치로 활약할 수 있게 됐지."

"아하, 선생님은 처음부터 임원을 대상으로 한 코치가 된 거군요."

"내가 코치를 시작한 동기는 사랑하는 여자를 누구보다 응원하고 싶고, 세계에서 돈을 제일 많이 버는 성공한 코치가 되어 그녀의 관심을 받고 싶다는 마음에서였어······."

"하지만 그 마음이 선생님의 코어 드라이브가 되어 정말로 세계 최고의 코치가 된 거죠."

연아가 말했다.

"미스터 리치는 선생님이 '세계 최고의 코치'라고 불리는 이유가 돈 때문이 아니라 신뢰 때문이라고 했어요. 페그다 코치보다 더 믿을 수 있는 코치는 세상에 없다고."

알로하 신사가 기분 좋은 얼굴로 끼어들었다.

"참고로 미스터 리치의 전 부인이 바로 캔디야."

"네에에!?"

우리는 제트기가 흔들릴 정도로 큰소리를 냈다.

"음, 그 이야기는 나중에 하기로 하고. 다음 달 두 사람의 숙제는 본인의 퍼스널 브랜딩에 대해 곰곰이 생각해보는 거야. 서로 코칭하면서 '자신이 누구를 위해, 무엇을 할 수 있는 코치로서 활동하고 싶은지'를 확실히 생각해와."

벌린 입을 다물지 못하면서도 우리는 황급히 메모를 했다.

"'최고의 임원만 코칭을 부탁할 수 있고 반드시 목표를 달성하게 해주는 아는 사람만 아는 목표 달성의 신'. 지금 나는 이렇게 세상에 이름이 알려져 있어. 이건 이것대로 웃기는 일이지만 나쁘지 않은 브랜딩이지."

나는 알로하 신사의 퍼스널 브랜딩을 노트에 큼직하게 적으면서 나도 언젠가 자연스럽게 세상에 이름을 알리는 코치가 되고 싶다고 생각했다. 어느덧 메모를 끝낸 연아가 웃으면서 우리에게 휴대전화를 보여줬다.

"자 봐봐! 진짜 잘 나왔어!"

아름답게 빛나는 바다를 배경으로 너무나도 행복하게 웃는 우리 네 명의 모습이 찍혀 있었다.

"이제 미스터 리치한테 보낼게! 미스터 리치가 SNS에 올려주면 전 세계 사람들이 우리 얼굴을 알게 될 거

야. 어떡하지. 내일부터 선글라스랑 마스크 쓰고 다녀
야 될까 봐."

연아는 아직도 술에 취해 있는 것 같았다.

"아, BB! 내친 김에 미스터 리치에게 네가 호텔로 돌
아갈 수 있게 해달라고 부탁하자!"

"……아니, 됐어요."

연아는 놀란 얼굴로 나를 보았다.

"마침 적절한 타이밍에 잘 그만둔 것 같아요. 난 이
제 완전히 코치로 살 거예요."

나는 반쯤 자연스럽게 흘러나온 말을 그대로 내뱉었
다. 맞은편 소파에 깊숙이 앉은 알로하 신사가 금방이
라도 잠이 들 것 같은 온화한 미소로 나를 보는 것을
느낄 수 있었다.

"그럼, 사진과 감사의 말만 보낼게!"

연아는 사진을 보내고 나서, 자신의 휴대전화 배경
화면을 그 사진으로 바꾸고 계속 바라보았다.

나는 대체 코치로서 어떤 사람에게 공헌하고 싶은
것일까?

내가 코치가 되어 어떤 사람들을 웃게 만들면 천국

에 있는 어머니와 아버지가 기뻐할까?

나는 그런 생각을 하며 구름 위에서 석양이 지는 광경을 지켜보았다.

‣ 코치가 하는 일은 고객이 더 나은 상태가 될 수 있도록 돕는 것이다.

코치는 컨설턴트와 달리 고객의 문제에 개입해서는 안된다. 코치는 항상 '사람' 그리고 '인간관계'에 초점을 맞추고 목표 달성에 매진해야 한다.

‣ 비즈니스를 할 때는 사람의 마음을 사로잡고 비즈니스 임팩트가 되는 '즐기는 마음'을 갖는 것이 중요하다. 그리고 그 마음을 소중히 여기고 비즈니스를 철저하게 즐기는 것이 무엇보다 중요하다.

‣ 퍼스널 브랜딩의 포인트는 '자신이 누구를 위해 무엇을 할 수 있는 사람인가'를 명확히 하고 다른 사람이 '바로 이 사람이 지금 나에게 필요한 사람이다'라고 느낄 정도로 구체적으로 표현하는 데 있다.

‣ 아무리 범위를 좁혀도 시장은 반드시 존재한다.

| 6장 |

목표 달성을 위해
꼭 기억해야 할 것

최고의 학습은
배운 걸 남에게 가르치는 것

한 달 후, 우리는 약속 시간에 만나 알로하 신사의 방문을 노크했다.

"왔구나, 나의 사랑하는 제자들! 들어와, 백수도 들어와."

알로하 신사는 평소의 안정감 있는 분위기로 우리를 맞아주었다.

이런 순간도 다음 달이 마지막이라고 생각하니 평소의 긴장감에 애틋한 마음이 뒤섞였다.

"오늘로서 자네들과의 훈련도 5개월이 지났군. 시간

이 정말 빠르네."

나와 연아는 조금 전 약속 장소에서 같은 얘기를 했다고 말하며 테이블에 앉았다.

"선생님, 오늘은 제가 선물로 차를 가져왔어요."

연아가 가방에서 찻주전자를 꺼내더니 부엌에서 컵 세 개를 가져오라고 했다.

"오늘은 연아 특제 차이를 만들어왔어요. 최고로 맛있으니까 드셔보세요!"

알로하 신사는 차가 담긴 잔을 돌리며 천천히 향을 즐겼다.

"이거 정말 맛있구만⋯⋯. 인도에서 마시는 차보다 맛있어⋯⋯."

"선생님은 인도에도 가보셨나요?"

"지난 몇 년간 인도에 자주 갔었지. 인도인들은 정말 근성이 강한 데다가 똑똑하고 우수해. 하지만 아직 인도 여자는 안아보지 못했어⋯⋯."

쓸데없는 말을 하는 알로하 신사를 무시하고 나는 본론으로 들어갔다. 자리에서 일어나 알로하 신사에게 인사하듯 명함을 내밀었다.

"선생님, 저, 코치 명함을 만들었습니다. 꼭 봐주세요."

'키즈 코칭스쿨 대표 바르 바조'라고 쓰인 내 명함을 알로하 신사는 한동안 진지한 눈으로 들여다보았다.

"자네는 누구를 위해 뭘 할 수 있는 코치인가?"

"저는 아이들에게 세계에서 코칭을 가장 이해하기 쉽게 전달할 수 있는 코치입니다."

알로하 신사는 나를 빤히 쳐다보더니 미소 지으며 말했다.

"어떤 마음에서 그런 생각을 하게 됐지?"

나는 일단 의자에 앉았다.

"연아에게 코칭을 받으면서 '나는 특히 누구의 슬픈 얼굴이나 쓸쓸한 얼굴을 보는 게 싫은 걸까?'를 생각했더니 바로 아이의 얼굴이 떠올랐어요. 그리고 그 아이는 '어린 시절의 내 얼굴'이었습니다."

나는 차이를 한 모금 마셔서 입을 축이고 이야기를 계속했다.

"하지만 그때 깨달았어요, 선생님이 주신 피드백이 사실이었다는 것을요. 제 코어 드라이브에는 어린 시절 제가 느꼈던 고독을 어떻게든 해결하고 싶다는 강한 마음이 밑바탕에 깔려 있었다는 것도."

"그렇군……. 그래서 아이에게 코칭을 전하려고 생각했던 거구나……."

알로하 신사는 고개를 끄덕이고 연아를 바라보았다.

"BB의 코어 드라이브를 중심축으로 한 훌륭한 세션이었어, 연아."

연아는 나를 보고 주먹을 불끈 쥐었다.

"더 어렸을 때 코칭에 대해 배웠더라면 저 자신을 그렇게 괴롭히지 않았을 거고, 더 많은 친구들을 사귀었을 거예요. 게다가 반 친구들에게도 좀 더 잘해주지 않았을까……."

나는 말하면서 마음속이 뜨거워지는 느낌을 받았다.

"그래서 선생님, 곧바로 아동용 코칭 교재를 만들기 시작했어요. 다음 달에 꼭 한번 봐주세요."

알로하 신사는 부드러운 미소를 지었다.

"망설임은 없는 것 같군. 좋아, 최고의 교재를 만들도록, BB!"

알로하 신사는 내게 주먹을 내밀었고, 나는 그 커다

란 주먹에 감사의 마음을 담아 부딪쳤다.

"그럼, 연아. 자네 차례야."

"네, 저는 일하느라 바쁜 육아 중인 엄마를 아이의 최고의 코치로 만드는 코치가 되겠습니다."

알로하 신사는 자신만만한 표정으로 말을 마친 연아를 보고 말했다.

"엄마와 아이의 관계를 코치한다는 뜻인가?"

"네. 선생님에게 코칭을 받는 동안 아이에게 어렴풋이 느꼈던 죄책감이 사라졌어요. 일하느라 함께 있는 시간은 적지만 지금은 한정된 시간만이라도 제대로 보고 있다는 자신감이 생겼다고 할까요."

알로하 신사는 단숨에 차를 들이켰다.

"그럼 연아도 BB도 '코칭을 가르치는 것'도 한다고 봐야겠군."

나는 주저 없이 알로하 신사에게 말했다.

"왜냐하면 코치로서 우리의 최대 강점은 '세계 제일의 코치에게 코칭을 직접 배운 것'이라서 누군가를 코칭하는 것은 물론이고 '세계 제일의 코칭'을 다른 사람에게 가르치고 전파해 나가는 활동도 해야 한다고 생각했어요."

연아가 이어서 말했다.

"그리고 '최고의 학습 방법은 배운 걸 남에게 가르치는 것'이라고 미스터 리치의 책에도 쓰여 있었고요."

"그렇군……."

알로하 신사는 우리의 에너지에 압도됐는지 처음으로 수동적인 모습을 보였다.

"그럼, 오늘은 이제 그만 점심이나 먹으러 가지. 둘다 서로에게 코칭을 잘했어. 합격이야!"

나와 연아는 하이파이브를 하고 잰걸음으로 방을 빠져나가는 그의 뒤를 따랐다.

금도끼 은도끼 이야기에 숨겨진 반전

우리는 알로하 신사의 롤스로이스를 타고 호텔에서 20분 정도 떨어진 오래된 성 같은 건물 앞에 섰다.

"잠깐 같이 가!"

우리는 뒤를 따라 오래된 성의 넓은 정원을 10분 정도 걸어서 큰 문 앞에 도착했다. 곧이어 문이 열리고 안에서 아이들이 쏟아져 나와 알로하 신사의 다리를 껴안았다.

"다들 건강해 보여서 다행이야!"

알로하 신사는 쭈그리고 앉아 아이들의 머리를 하나

하나 쓰다듬었다. 그때 마녀 같이 생긴 한 노파가 아이들을 따라 나왔다.

"미스터 페그다! 올해도 와줘서 고마워요. 자, 안으로 들어와요!"

나와 연아도 아이들의 손에 잡혀 안으로 들어갔다.

"여기는 중세부터 있던 수도원이야."

건물 안은 프레스코화가 그려진 천장에 곳곳에 섬세하고 화려한 세공이 되어 있어 마치 타임머신을 타고 과거로 돌아간 듯했다. 우리는 벽 한쪽이 책으로 가득한 도서관 같은 방 안으로 들어갔다.

"안녕하세요, 키키 수녀님."

"페그다 씨 덕분에 작년에도 열 명의 아이들을 새로 받을 수 있었어요. 게다가 지금은 이 수도원에서 자란 아이들이 훌륭한 사회인이 되어 아이들과 자주 놀아주러 와요. 기부금도 가져다주고요."

마녀 같아 보이는 수녀는 아주 행복한 얼굴로 지난해 일을 이야기하고 있었다.

"페그다 씨가 이곳 수녀들에게 코칭을 가르쳐준 덕분에 아이들이 정말 훌륭하게 자라고 있어요. 웃음이 끊이지 않는 수도원이 됐지요."

알로하 신사는 기쁜 듯 웃고 있었다.

"그거 반가운 소식이군요. 참, 소개할게요. 이 두 사람이 내 후계자 연아와 BB예요."

우리는 일단 수녀와 웃는 얼굴로 악수를 나눴다.

"앞으로도 가능한 한 이 수도원에 오고 싶은데, 이 두 사람은 언제든 달려올 수 있으니 의지해주세요, 키키 수녀님."

키키 수녀는 커다란 눈으로 우리를 바라보았다.

"어머, 든든하네요. 올해 세 명의 수녀가 새로 들어와서 마침 코칭 강의를 받게 해주고 싶었는데."

"그럼 그 역할은 이 두 사람이 확실히 담당할 테니 안심하세요."

연아는 흥분한 듯이 말했다.

"꼭 맡겨주세요. 도와드릴 수 있어 영광입니다."

"키키 수녀님은 내 비즈니스 은사야. 내가 코치가 되고 사업을 시작한 첫해에는 영업이 생각처럼 잘 되지 않았어. 그때 키키 수녀님이 내게 사업에서 가장 중요한 '어떤 것'을 가르쳐줬지."

'비즈니스에서 가장 중요한 것……?'

"키키 수녀님, 미안하지만 이 두 사람에게 나에게 가르쳐준 것처럼 그 이야기 좀 들려줄 수 있어요?"

"좋아, 그렇지만 좀 비쌀 거야."

키키 수녀는 우리들을 천천히 보며 만면에 웃음을 지었다.

"이건 옛날 프라하에서 전해 내려오던 '신비의 샘' 이야기이에요. 어떤 나무꾼이 낡은 구리 도끼를 샘에 떨어뜨렸죠. 그때 그 샘에서 여신이 나와 이렇게 물었어요. '네가 떨어뜨린 도끼가 이 금도끼냐, 아니면 이 은도끼냐?' 자, 두 분은 뭐라고 대답할 건가요?"

나는 그 자리에서 바로 대답했다.

"둘 다 아니라고 솔직하게 말하겠습니다."

연아도 나를 따라 말했다.

"저도 솔직하게 말하겠습니다. 왜냐하면 상대는 여신이니까……."

키키 수녀는 웃으며 이야기를 계속했다.

"그 나무꾼도 똑같이 정직하게 대답했지요. 그런데 어떻게 되었는지 아세요?"

우리는 눈을 크게 뜨고 수녀님의 대답을 기다렸다.

"여신은 나무꾼에게 '너는 정직한 사람이구나. 행복하게 살아라' 하고 사라졌어요."

우리는 예상치 못한 대답에 놀라 어안이 벙벙해졌다.

"어머, 제가 이상한 얘기를 했나요?"

키키 수녀는 왠지 즐거워 보이는 표정이었다.

"정직한 사람에게는 여신이 뭔가를 베풀어줄 거라고 생각했나요? 그렇지만 '정직한 사람은 정직한 사람으로 끝'이에요. 더 하고 싶은 말 있나요?"

나는 마음속 어딘가에 있던 '음흉한 자아'를 간파당한 것 같아 몹시 부끄러워졌다.

"나는 이 수도원을 50년 넘게 지켜왔어요. 참, 말로는 표현할 수 없을 정도로 힘든 일이 많았죠. 지금도 여러 가지 문제가 있지만 많은 사람들의 도움을 받아 그럭저럭 헤쳐왔답니다. 그럴 수 있었던 이유는 나에게 '사랑이 기반이 된 뻔뻔함'이 있었기 때문이에요."

자신의 가치는
자신만이 결정할 수 있다

'사랑이 기반이 된 뻔뻔함…….'

키키 수녀는 진지한 눈빛으로 우리 두 사람을 바라보았다.

"내가 여신님을 만났더라면 이렇게 말했을 거예요. '어느 것도 제 도끼는 아닙니다. 하지만 그 두 개의 도끼를 제게 주시면 제가 많은 사람들을 웃게 할 수 있습니다'라고요."

나는 키키 수녀의 이야기에 빠져 한동안 아무 말도 하지 않았다.

"아…… 항상 마음속으로 누군가를 생각하고 사랑을 담아 열심히 일을 한다면 이런 기회를 그저 솔직하게 대답해서 낭비하지 않는다는 말이네요……."

키키 수녀는 연아의 말에 미소를 지었다.

"'자신이 하는 일을 정말로 사랑한다면, 부끄러워하거나 눈치 보지 않고 받을 수 있는 건 무엇이든 다 받아야 한다'는 뜻이에요."

그녀는 알로하 신사를 보고 윙크를 했다. 그러자 그는 재킷 앞주머니에서 두툼한 봉투를 꺼냈다.

"여전히 훌륭한 강의였어요, 키키 수녀님. 나는 이 이야기를 들은 덕분에 코치로서 당당하게 큰돈을 벌 수 있었어요. 이건 수업료예요, 받아요."

키키 수녀는 자리에서 일어나 알로하 신사와 포옹했다.

"건강하게 오래 살아요, 페그다. 안 그러면 우리가 곤란해져요."

그는 웃으며 키키 수녀를 한동안 힘껏 껴안았다.

우리는 아이들에게 아름다운 건물 안을 잠시 안내받은 뒤 알로하 신사와 키키 수녀가 기다리는 출구로 향했다.

"두 사람은 내일 낮부터 여기에서 새 수녀님들에게 코칭을 가르쳐줘. 앞으로 둘이서 내용을 생각해서 한 번 제대로 가르쳐봐. 그리고 끝나면 나는 호텔 안뜰에서 술 한 잔 하고 있을 테니 보고하러 오고."

우리는 너무 갑작스러운 의뢰에 순간 당황했다. 하지만 키키 수녀 앞이기도 해서 자신 있는 척 대답하고 그녀와 포옹을 한 뒤 밖으로 나왔다.

넓은 정원을 걸어서 돌아가는 우리에게 아이들과 키키 수녀는 모습이 보이지 않을 때까지 손을 흔들었다.

"선생님, 내일 수업은 선생님이 예전에 했던 내용을 발전시켜서 진행하고 싶으니 지난번 내용을 차 안에서 가르쳐주세요."

연아는 의기양양한 얼굴로 아이들에게 손을 흔들며 말했다.

"정말 최고의 타이밍에 최고의 이야기를 들을 수 있었어요. 이제부터 아이들에게 코칭을 하면 도대체 얼마를 받아야 하는지 고민이 많았는데……."

알로하 신사도 마지막으로 뒤를 돌아보고 아이들에게 손을 흔들며 말했다.

"코칭은 비용이 1엔도 들지 않는 말로만 하는 장사야. 그래서 더욱 키키 수녀님이 해준 이야기를 소중히 여기지 않으면 안 돼. '자신의 가치를 스스로 결정하고 자신을 확실하게 팔지 않으면 안 되거든.'"

연아가 손을 흔들다 말고 앞을 똑바로 보고 말했다.

"자신의 가치는 '자신이 하고 있는 일을 얼마나 사랑하느냐'에 따라 결정된다는 말이군요."

그러자 알로하 신사는 하늘을 보며 아련한 눈빛으로 중얼거렸다.

"코치가 되길 잘했어……."

셋이서 바라보는 오늘의 하늘은 왠지 평소보다 크고 맑아 보였다.

밝혀진 알로하 신사의 비밀

다음 날 저녁, 우리는 수도원에서 코칭 강의를 하고 서둘러 호텔로 돌아왔다. 안뜰로 들어가니 알로하 신사가 홀로 카운터에서 위스키를 마시고 있었다.

"오래 기다리셨습니다!"

"오, 사랑하는 제자들! 오늘 어땠나?"

"예, 별문제 없었습니다!"

"오, 그거 큰 문제로군."

우리는 알로하 신사다운 빈정거리는 말에 쓴웃음을 지으며 그 옆에 앉았다.

"오늘 연아가 수녀님들에게 코칭을 가르치는 동안 저는 아이들에게 코칭을 가르쳤습니다."

"아이들에게 커뮤니케이션의 중요성을 퀴즈 형식으로 알려주며 즐거워하는 BB의 모습, 정말로 빛났어요."

나는 조금 쑥스러워하면서 웨이터로부터 물수건을 받았다.

"아이들의 꾸밈없는 얼굴을 보며 '이런 멋진 일을 하며 살 수 있다면 얼마나 좋을까'라고 진심으로 생각할 수 있었던 최고의 경험이었습니다. 정말 감사합니다."

"그럼, 내가 가르쳐준 대로 보수는 잘 받았겠지?"

알로하 신사가 약간 취한 목소리로 말했다. 연아는 내 몫의 맥주를 주문하면서 이렇게 대꾸했다.

"수녀원에서는 돈보다 값진 걸 많이 받았어요. 선생님은 받았어요?"

"물론이지! 모든 수녀님들에게 키스를 받았지."

우리는 알로하 신사다운 보수에 웃음을 지으며 건배했다.

"두 사람은 오늘 느낀 감정을 절대로 잊어선 안 돼.

지금 내면에 있는 감정이 바로 '초심'이란 거야."

나는 가슴에 손을 얹고 눈을 감은 채 지금의 감각을 온몸으로 느껴보기로 했다.

그러자 연아가 알로하 신사에게 조용히 말했다.

"선생님은 '순수한 감정', 즉 '초심'을 잊어버렸는지도 모른다고 세션에서 말씀하셨어요. 하지만 이제 완전히 돌아오지 않았을까요……?"

알로하 신사는 그녀의 말을 놓치지 않았다. 그는 위스키를 한 모금 마시고 조용히 말을 시작했다.

"나는 사랑에 빠진 여자를 누구보다도 응원하고 싶어 코치가 됐어. 하지만 그녀가 남편을 몹시 사랑했고 나도 그녀에게 전혀 마음이 없는 것처럼 행동하며 사이좋은 친구로 지냈지."

알로하 신사는 앞을 보면서 이야기를 계속했다.

"그러던 어느 날 그녀가 내게 이혼 상담을 해왔어. 뜬금없이 웬 이혼인가 했더니 남편이 갑자기 헤어지자고 했다는 거야. 그때의 절망적인 표정을 지금도 생생히 기억해. 물론 나는 절친한 친구로서 그녀 곁에 있으면서 계속 그녀를 위로해줬어. 하지만 그녀는 결과적으로 이혼하고 자신의 커리어까지 포기하게 됐지."

연아도 나도 그 여자가 캔디라는 것을 알고 있었다. 하지만 우리는 아무 말도 하지 않고 알로하 신사의 이야기에 귀를 기울였다.

"그 후로 그녀는 조금씩 내가 사랑했던 미소를 되찾았고 요리사로서 자신의 식당을 열기로 결심했어. 그때 마침 그녀는 나에게 '이제부터는 당신을 위해 요리를 하고 싶다'고 말했어. 난 너무 기뻐서 할 말도 잊고 눈물만 하염없이 흘렸어……. 지금 생각하면 그녀는 줄곧 내 마음을 알고 있었던 거야……. 나는 그녀의 마음에 당장이라도 뛰어들고 싶었지만 당장은 대답할 수 없는 복잡한 감정도 있어서 '다음 달 식당이 문을 여는 날까지 생각하게 해달라'고 말했어. 그리고 오픈하는 날, 나는 꽃다발을 들고 괴롭고 길었던 짝사랑을 끝내고자 식당에 갔어. 그녀는 나만을 위해 식당을 전세 내고 특기인 굴라쉬 요리를 내놓았지."

알로하 신사는 위스키를 돌리며 잠시 침묵하다가 입을 열었다.

"그런데 그 굴라쉬가 맛이 없었어."

뜻밖의 전개에 우리는 입을 크게 벌리고 알로하 신사를 바라보았다.

"그때 알았어. 그녀가 헤어진 전남편처럼 나를 사랑하지 않는다는 걸."

연아가 엉겁결에 소리를 높였다.

"아니…… 그걸 어떻게 알아요!"

알로하 신사는 표정 하나 변하지 않았다.

"나는 그녀를 남자로서만이 아니고 코치로서도 줄곧 봐왔어. 그녀의 마음속에는 아직 남편이 있고 그녀는 여전히 코어 드라이브를 잊고 있다는 것도 알게 됐지."

나도 연아도 애써 침묵을 지켰다.

"그녀의 코어 드라이브는 '자신이 진심으로 행복하지 않으면 상대를 진심으로 행복하게 하는 요리를 만들 수 없다'는 신념이야. 그녀가 이혼하기 전 남편과 내게 자주 만들어주던 굴라쉬는 분할 정도로 맛있었어……. 그녀는 실제로 그 코어 드라이브를 중요하게 여겼고, 그래서 이 호텔의 총 주방장까지 올라갈 수 있었던 거야."

우리는 아무 말도 하지 않고 맥주를 한 모금 마셨다.

"그래서 나는 그녀 앞에서 사라지기로 했어. '나는 아직 네 전남편과 코치 계약을 맺고 있어서 지금은 네 마음을 받아줄 수 없어'라는 말도 안 되는 이유를 대고서 말이야."

알로하 신사에게 시선을 돌리자 그의 눈에 희미하게 눈물이 고여 있었다. 나는 그 눈물을 못 본 척하고 단숨에 맥주를 비웠다. 그러자 연아는 앞을 보고 다정한 목소리로 물었다.

"그럼, 지난번에 저희랑 같이 먹었던 그녀의 굴라쉬 맛은 어땠어요?"

알로하 신사는 천장을 보고 말했다.

"아, 지금까지 먹어본 것 중에 최고로 맛있는 굴라쉬였어……."

우리 셋은 한동안 아무 말도 하지 않고 호텔에서 흘러나오는 피아노 연주에 귀를 기울였다. 흘러나오는 모차르트 곡은 알로하 신사의 한결같고 애절한 사랑 이야기에 후속편이 있다는 듯 뭔가를 호소하는 느낌을 주었다.

잠시 후 연아가 입을 열었다.

"저도 BB도 코치로서 줄곧 생각해봤어요. 선생님의 목표인 '최고의 은퇴'에 관해서요. 그리고 그 목표 달성을, 어떻게 선생님의 코어 드라이브를 소중히 여기며 응원하면 좋을까 생각해봤어요. 하지만 애초에 선생님이 은퇴하는 데 에너지가 존재할 수 있을까 하는 결론에 이르렀어요."

그러자 알로하 신사가 말했다.

"은퇴도 훌륭한 결단이야."

연아는 나를 보고 고개를 끄덕였다. 그 의미를 알아차린 나는 알로하 신사를 똑바로 쳐다보았다.

"선생님의 코어 드라이브는 '코칭을 한다는 건 상대방을 사랑하는 것'입니다. 사실은 이미 알고 있고 있겠지만 선생님이 코치를 그만둔다는 건 '사랑하는 것을 그만둔다'는 뜻이 아닐까요?"

나는 알로하 신사에게 코치로서 느꼈던 감정을 큰맘 먹고 전달했다. 120퍼센트 사랑을 담아 내 마음을 알로하 신사에게 전달한 느낌이었다. 그러자 그는 위스키를 내려놓고 무언가에서 해방된 눈으로 말했다.

"좋은 피드백이야."

나와 연아는 더 이상 추궁하지 않고, 한가운데 앉은 알로하 신사를 감싸듯이 앉아 하이파이브를 했다.

나와 연아는 믿었다. 알로하 신사는 캔디에 대한 사랑을 멈추지 않을 것이고, 언제까지나 우리를 사랑해 주리라는 것을.

BB's Summary Note

▸ 비즈니스를 할 때는 '사랑이 기반이 된 뻔뻔함'을 소중히 여기고, 항상 요구할 수 있는 자세를 갖는 것이 중요하다.

▸ 자신이 하고 있는 일에 얼마나 사랑이 담겨 있느냐로 자신의 가치가 결정된다.

▸ 자신을 싸게 파는 행위는 사랑을 싸게 파는 행위와 같다.

에필로그

세계 최고 비즈니스 코치가 던진 마지막 질문

한 달 뒤, 드디어 마지막 세션을 하는 날이 왔고, 나와 연아는 알로하 신사가 숙제로 내준 앞으로의 활동 계획을 서로 꼼꼼히 코칭하며 마지막 훈련에 나섰다.

평소처럼 방 앞에 도착한 우리를 맞이한 건 알로하 신사가 아닌 웬 편지 한 장이었다. 편지에는 '캔디 식당 으로 와'라고만 적혀 있었다.

"이게 뭐야! 이제 할 일은 다 했다는 뜻인가!"

연아는 기쁜 표정으로 종이를 떼어내며 말했다. 우리 는 서둘러 택시를 타고 기억을 더듬어 캔디의 식당으로 향했다.

"어머, 어서 와요! 기다리고 있었어요!"

캔디가 아주 행복한 미소를 지으며 우리를 자리로 안내해주었다.

"선생님은 아직 안 오셨나요?"

그러자 캔디가 우리를 쳐다보며 말했다.

"'굴라쉬라도 먹고 있어!'라고 하던데."

연아와 나는 알로하 신사 말대로 먼저 굴라쉬를 먹기로 했다. 우리는 그의 존재도 잊고 마음까지 따뜻해지는 굴라쉬를 정신없이 먹어치웠다.

캔디가 커피와 케이크를 가져다주었다.

"자, 들어요. 아 참, 선생님이 당신들 앞으로 보낸 편지가 있어."

나는 연아가 내 옆에 앉자마자 받은 편지를 열었다.

축하한다, 연아와 BB.

두 사람은 내 훈련을 무사히 잘 마쳤다. 지난 반년 동안 나는 두 사람에게 말과 글로는 전할 수 없는 최고의 코치가 되기 위해 필요한 '감각'을 전수했어.

이제부터는 배울 게 있다면 피하지 말고 실전에서 온갖 일을 겪으며 실패하고 때로는 창피를 당하면서 성장해가길 바란다.

두 사람과의 만남은 나에게 코치라는 직업의 훌륭함을 새삼 일깨워주었어. 그리고 '사랑에서 도망치지 않을 용기'를 준 것도 고맙다.

나 페그다가 인정한 코치란 내 '코어 드라이브'를 이어받은 코치라는 뜻이기도 해.

'코칭을 한다는 건 상대방을 사랑하는 것.'

이 신념을 잊지 말고 자신의 코어 드라이브를 소중히 여기면서 이상적 코치가 되는 길을 향해 나아가기를.

나도 코치로서 새로운 목표를 향해 나아가기로 했다. 다음에 만날 때는 프로 코치끼리 어딘가에서 술 한잔하자꾸나.

마지막으로 코치답게 너희들에게 질문을 하나 남기도록 하지. 앞으로 어쩔 수 없이 곤란한 일이 생기거나 좌절할 때는 이렇게 스스로에게 질문해봐.

"만약 지금 옆에 '최고의 비즈니스 코치'가 있다면 나에게 어떤 질문을 할까?"

페그다 D. 트러스트

편지를 다 읽은 나는 이상하게도 선생님과의 갑작스러운 이별이 당황스럽지 않았다. 연아도 옆에서 나와 다르지 않은 표정으로 편지를 보고 있었다.

"하지만 적어도 편지 정도는 수료증 주는 셈치고 한 통씩 남겼으면 좋았을 텐데."

나의 말에 캔디가 미소를 지으며 대답했다.

"편지가 한 통밖에 없는 이유는 '앞으로도 둘이서 함께 부지런히 배우고 서로 응원하며 노력하라는 뜻이 아닐까?"

나와 연아는 얼굴을 마주 보고 캔디의 말을 마음속에 단단히 메모했다.

"아 참, 그리고 이거, 그 사람이 '코치료'라고 했어!"

캔디는 낯익은 봉투를 우리에게 건네주었다.

"얇은 쪽이 BB 거고, 두꺼운 쪽이 연아라고 했어."

우리는 그 봉투를 받고 잠시 말을 잃었다.

우리는 캔디와 헤어져 반년 전과는 전혀 다른 풍경으로 보이는 프라하 거리를 천천히 걸었다.

"눈 깜짝할 사이에 반년이 지나갔는데, 그 반년 전이 까마득한 옛날처럼 느껴지네요……."

나는 알로하 신사와의 만남을 떠올리며 말했다.

"어머 봐봐! 미스터 리치가 SNS에 사진을 올리고 있어! 이 '좋아요' 수 좀 봐! 벌써 600만을 넘었잖아?"

우리는 그 자리에 서서 수많은 댓글을 함께 보았다.

"어머머, '이 예쁜 코치는 누구지?'라니. 뭐야~."

나는 흥분한 연아를 뒤로하고 한 댓글에 시선을 고정했다.

'목표 달성의 신은 언제나 내 안에 있다.'

나는 눈을 감고, 심호흡을 크게 하고 걷기 시작했다.

감사합니다, 알로하 신사.

저도 반드시 누군가의 마음속에서 부적 같은 존재가

될 수 있도록 나 자신을 믿고, 코치로서 많은 사람들을
웃게 하겠습니다.

'코칭이란 상대방을 사랑하는 것.'

이 신념을 가슴에 새기자.
그때 연아가 뒤에서 내 팔짱을 끼며 말했다.
"BB! 우리 앞으로도 서로에게 최고의 코치가 되어주
자!"

옮긴이 전경아

중앙대학교를 졸업하고 일본 요코하마 외국어학원 일본어학과를 수료했다. 현재 출판 번역 에이전시 베네트랜스에서 번역가로 활발히 활동중이다. 옮긴 책으로 《일 잘하는 사람의 피드백 기술》《미움받을 용기》《지속가능형 인간》 《지도로 보는 세계민족의 역사》《협상 심리학》《간단 명쾌한 발달 심리학》 《비기너 심리학》《집중의 기술》《성공한 사람들의 99% 습관》 등이 있다.

타인의 가능성을 깨우고 결과를 만들어내는

일 잘하는 사람의 피드백 기술

초판 1쇄 발행 2024년 7월 30일

지은이 바바 케이스케
옮긴이 전경아
펴낸이 최현준

편집 구주연, 강서윤
디자인 Aleph design

펴낸곳 빌리버튼
출판등록 2022년 7월 27일 제 2016-000361호
주소 서울시 마포구 월드컵로 10길 28, 201호
전화 02-338-9271
팩스 02-338-9272
메일 contents@billybutton.co.kr

ISBN 979-11-92999-48-7 (03320)